臺南獨家記憶：

府城米糕栫（餞）研究

張耘書 著

目次

Contents

局長序
讓文化接地氣

　　「米食」係民生問題，也是經濟、政治問題，更是社會、文化議題，大臺南自古就是臺灣的重要糧倉，而由「米食」所拓衍出來的街市空間、日常飲食、歲時節慶、生命禮俗與宗教祭祀等等層面，多元而精采，為此，「大臺南文化叢書」第八輯即以「大臺南米食文化」為專題，邀請「古都保存再生文教基金會」鄭安佑先生、邱睦容小姐和前聯合報記者謝玲玉小姐，分別進行府城與南瀛米食的研究與撰述，鉅細靡遺、面面俱到地論述米食文化，相當接地氣，也相當有在地感。張耘書小姐的《府城米糕栫（餞）研究》，則以踏實的田調研究法，詳細報導臺南（也是全國）唯二製作「米糕栫（餞）」的店家及其製作方法，豐富大臺南的米食文化。

　　此外，延續「大臺南文化叢書」風格，除了專題之外，也增加時事或重要議題研究，本輯新增《臺南都市原住民》、《臺南鳥文化》等二書，分別邀請記者曹婷婷小姐、鳥類研究達人李進裕老師執筆。「都市原住民」討論16個原住民族群落腳大臺南的沿革、歷程與長遠發展，讓隱身於「臺南都市」的原民朋友現身說法，找到定位；而「鳥文化」則以文化的角度，重新觀察黑面琵鷺、菱角鳥、黑腹燕鷗等等各種鳥類在臺南土

地的生態、藝術與文學意趣，這是一個全新的議題，只有大臺
南擁有這樣的鳥資源與生態文化。

　　因應新文化政策，「大臺南文化叢書」將朝向更活潑、更
多元，也更具廣度與深度方向規劃，因此，從第九輯起我們將
不再預設專題，而由各個文化領域的研究者挑選具前瞻性與挑
戰性的研究議題，邀請專家學者進行相關研究，開啟另一扇文
化之窗。

臺南市政府文化局局長

作者序
府城特有祭品，
傳承百年的老味道

米糕栫（餞）是臺南府城特有的祭品，歷時已久，與民間信仰、祭祀活動緊密連結，具有特殊的文化意涵；以糯米與糖製成的米糕栫（餞），也集結臺南府城的地方特色，反映出當地過去的富庶繁榮與產業概況。此外，米糕栫（餞）外形高聳矗立受人矚目，不但是早年廟會普度場合競比實力的指標，於祭祀後分食或餽贈，背後所隱含的人際交陪與人情流動，更成為祭典中社交情誼的載體，米糕栫（餞）可謂將臺南府城普度文化具體而微的展現其中。

2017 年，撰寫《臺南府城餅舖誌》時開始深入米糕栫（餞），幾年下來，數度參與觀察並全程紀錄後，方知米糕栫（餞）看似技藝門檻不高，實則每道工序都必須仰賴師傅熟稔的技巧與豐富經驗，才能讓成品兼具視覺與美味；而田野訪談中，也才感知米糕栫（餞）不僅是祭品，更承載了許多人的記憶，無論是這群師傅們經年累月製作下所醞釀成的集體記憶，那份與米糕栫（餞）相依共存的情感；或是府城人的飲食記憶，一種在地獨有的米糖香，從舌尖烙印到腦海，可以一輩子不忘的甜！

本書得以付梓，感謝普濟殿前黃家米糕栫的黃銅山師傅、

小編李青純小姐與諸位從業師傅，以及本淵寮黃家米糕餞的黃太郎師傅全家，由於米糕栫（餞）罕見於臺南府城以外之地，包括在中國閩南沿海與東南亞華人地區也無此類祭品，光要追本溯源已是項難題，加上其並非經常性製作，更增加田野調查的困難度，要撰寫到成書規格，當初許多同好可是替我捏了把冷汗，所幸有這群師傅們的協助，不嫌我叨擾且忍受我於製作現場跟進跟出、礙手礙腳，而幾年下來，竟也「跟」出好友誼；也感謝鄭道聰老師的審稿，尤其對於臺南普度文化賜教不少；同時更感謝臺南市政府文化局多年來一直給我舞臺，大臺南文化叢書主編黃文博校長的不棄與邀約，讓我可以不斷挑戰自己並書寫家鄉的故事與美好。

　　米糕栫（餞）流傳百年，至今仍遵循古法製作，保留傳統樣貌且於普度祭典中廣為臺南府城的民眾所使用，足見其深受民間認同。米糕栫（餞）有其歷史脈絡與文化意涵，且深具在地性，而目前全臺專業製作者僅兩家，亦顯獨特與稀有性。這幾年，文資處曾訪視米糕栫（餞）業者兩次，擬將其審議列入無形文化資產，可惜尚未有結果，希望藉此書較為深入且完整的撰寫，能補述其過去資料的不足，協助米糕栫（餞）技藝能順利獲列文化資產，期盼不久的將來，能傳來好消息！

張耘書

第一章

前言──
米糕栫（餞）源流探索

　　米糕栫（餞）為府城的傳統祭品，多用於普度或廟宇建醮慶典，罕見於臺南以外的地區，[1]為臺南祭品一大特色。米糕栫（餞）是將甜糯米放入六角柱狀的栫（餞）桶中壓製而成，為獨門技藝，早年府城有少數餅舖，如永南興餅舖、振香居餅舖等曾一度承製，[2]目前僅中西區普濟殿旁黃家及安南區本淵寮黃家仍在製作，[3]為臺南、甚至全臺僅存的專業製作者，不僅具獨特性與地方性，且其製法皆依循上代流傳技術，亦具傳

1　根據筆者調查，目前除府城及其後來擴延的周邊地區外，高雄市內門地區普度時會以「米糕柱」祭祀，是用八塊木板組成八角塔狀，再將甜米糕封存塑形，外觀頗似米糕栫（餞）。內門紫竹寺與內門南海紫竹寺兩廟，每逢農曆 7 月普度，境內各庄會輪流敬獻一對高達 6、7 尺的米糕柱，早年多由庄民合資並由村（里）長召男丁製作。近幾年因人口愈來愈少，廟方除縮小米糕柱尺寸（改為約 100 公分），並將塑形的木板改成白鐵，以利保存。同時，為祭祀之便，也將米糕柱委由內門地區的外燴業者（亦是庄民）承製，如當地的「家家藝術外燴」便承製近幾年內門南海紫竹寺普度用的米糕柱。（訪談「家家藝術外燴」負責人林坤彬，林家為內門區光興里居民，從事外燴已 3 代）。

2　永南興餅舖前身為「南興號」，據日治時期昭和 2 年（1927）出版的《臺灣商工名錄》記載，位於西門町五丁目 105 番地，後更名為「永南興」，今於保安宮市場內設攤販售，米糕栫（餞）技藝已失傳。振香居餅舖位於早年水仙宮市場，今已歇業。

3　此外，臺南市永康區的芳昌餅舖亦兼製類似的「米糕塔」，是將甜米糕塑形成如圓錐狀，用於普度場合。

統。而米糕栫（餞）與民間信仰、祭祀活動緊密連結，有其特殊的文化意涵外，流傳至今仍為府城普度必備的祭品，深受民間高度認同，更可謂在地活的文化。

由於米糕栫（餞）過去至今並無定字（此於後文再述），目前臺南兩家業者，分別以「米糕栫」與「米糕餞」為名，普濟殿前黃家米糕栫在傳至第 3 代黃銅山之手，兼容傳統與創新，期以透過定名與創新，傳承老滋味，並正式以「米糕栫——府城普濟殿前黃家」為名。據《說文解字》記載：「栫，以柴木離也」，為「用柴木壅塞或圍住」之意，「栫」由「木」、「存」結合成字，普濟殿前黃家乃取義米糕栫（餞）以木封存的製作過程。本淵寮黃家米糕餞早年以「米糕粆」為名，「戔」有積聚之意，乃取米積聚，頗為符合米糕栫（餞）之形貌，後因「粆」為罕用字，今則改用「餞」字，為尊重業者，書中以其各自定名之名稱書寫。

第一節　米糕栫（餞）源流探索

關於米糕栫（餞）的源流，由於民間至今尚無明確說法，過去亦鮮少紀錄，僅於《安平縣雜記》：「凡作醮必普度，一

圖1：米糕栫（餞）多用於普度或廟宇建醮慶典，為臺南極具特色的祭品。（李青純／提供）
圖2：今日兩家業者分別以「米糕栫」與「米糕餞」為名。

圖3：高雄內門地區兩座紫竹寺於普度時亦有使用米糕柱為祭品之俗，圖為當地「家家外燴」製作的米糕柱。（林坤彬／提供）

圖4：苗栗集元裕糕餅文創園區所收藏七尺二的八卦米糕塔板。（集元裕糕餅文創園區／提供。）

切豬羊牲醴酒席菓品米膏鈷肉山之類，均極豐盛。」[4]記載的「米膏鈷」，或許所指即為米糕栫（餞）。除此之外，相關文

4　不著撰人，《安平縣雜記》（臺北：臺灣銀行經濟研究室，1959），頁22。

獻亦幾近闕如，故只能就其特殊的製作方式，以及「形」（外形）、「味」（味道）、「質」（屬性）等推究米糕栫（餞）的產生及其文化意涵。

一、源自食品保存的技術，以及手作技藝、身體勞動來體現虔敬

據今僅存的兩家專業製作者—普濟殿前黃家米糕栫以及本淵寮黃家米糕餞負責人口述，舊時物資不豐，米與糖皆屬於較珍貴的食材，富有人家才能經常食用，當時食物若能加糖或於菜餚中放糖烹調，不僅代表經濟寬裕，也是貴氣的象徵，而若能食用到米製作的甜食或點心，更是難得的享受，尤其糯米價格更甚白米，用來製作祭祀時的糕點，則更顯誠意與禮敬。米糕栫（餞）以糯米與白糖做成，不同於其他糕粿大多由糯米磨粉製作，能存放較久，米糕栫（餞）以天然糯米直接炊製，在舊時無防腐劑且食品保存技術尚不發達的年代，為延長保存期限，因此加了分量十足的糖。人類在很早以前，便懂得使用鹽及糖來保存食物，在食物中加鹽或糖，如鹽醃或糖漬，或兩者一起使用，利用鹽與糖干擾微生物的酵素活性，以及減弱DNA分子結構，來防止食物腐敗。米糕栫（餞）製作時，加入高濃度的糖漿，當糖接觸到糯米時，藉由滲透作用，糖分子滲入糯米中，高甜度的米糕使微生物不易繁殖，再透過填充、

搗實、密封等數道工序，阻絕掉大部分空氣，令米糕栫（餞）
得以保存。

　　此外，米糕栫（餞）特殊的製作方式，每一栫（餞）皆是
經過師傅辛苦炊米煮糖、拌米充填完成，過程中極為耗費體力
外，並得忍受熾熱高溫，甚至爬上梯子搗實裝填，才能令米糕
栫（餞）狀如高塔，製作完成還得將滿實沉甸的米糕栫（餞）
搬抬至廟埕或普度場，直到普度儀式結束，開栫完畢，才算大
功告成，整個過程經常從清晨忙到深夜，相較於其他祭品，米

圖5：米糕栫（餞）為敬鬼神的大禮，也考量到飽食的需求。（洪瑩發／提供）

糕栫（餞）既要繁冗的製程，亦得兼顧後續，可說是透過手作技藝與身體勞動的實踐，來體現對天地鬼神的虔敬。

二、從「形」、「味」、「質」推論其象徵之意涵

1. 如「塔」的祭品形式

高聳矗立於祭祀場合的米糕栫（餞），外形猶如塔狀，「塔」源於佛教，最初以建築形式存在，為宗教中崇高與垂範的神聖空間；「塔」也是佛教的圖騰之一，在民間象徵吉祥；而在中國觀念裡，「塔」則是天與地、神與人的接觸之處，為諸神降臨，接受人們敬供的地方，具有鎮邪祈福意涵。由於塔在宗教中象徵神聖，也使得塔常被視為是一種不同凡俗的聖物形象或概念，甚至逐漸跳脫建築以及與佛教共生關係的框架，進而與世俗的生活與文化連結，而衍生多元的樣貌，包括後來的各式塔狀祭品，如糕塔、壽桃塔、罐頭塔等，皆是源自塔矗立筆直、層層累疊的外形而廣泛化的聯想。[5] 民間更有將祭品直接製成塔狀，如「糖塔」，最普遍的造形即為「塔」（另配其它祥獸），多見於拜天公、神明會祭祀或建醮慶典，為表隆

---

5 另外，祭品中常見的「盞品」，也是類似的形貌，無論是麵線、糕粿都能做成一支支的盞品，將物品高掛，據說也是為了讓遠方的好兄弟看見，能夠來享食。

重才會出現的祭祀大禮，有表至高的敬意，以祈吉祥，並藉由高聳外觀，意喻虔誠之心可上達天聽。「栳（餞）」與「塔」異曲同工，外觀高聳，有佛法布施精神，也有溝通之意，象徵招引「好兄弟」前來接受布施祭品；而民間也普遍認為六角長柱狀且高聳矗立的形貌，有步步高升的好寓意。[6]

2. 米食與味覺的文化意涵

　　祭品作為祭祀時一種敬獻、交換的媒介或載體，被賦予各種意義而使用，並透過象徵符號向天地鬼神祈願或傳達思想，這些象徵符號往往是透過外在視覺與內在屬性等類比聯想，從而產生或形成一定的文化意義，如祭品中喜以圓狀物象徵圓滿，以多籽的植物象徵子孫繁衍等；又或味覺中的酸、甜、苦、辣等各種滋味，常被用來類比生命歷程中所遭遇到的各種狀態，故常以甜味類比美滿與成功，以苦味類比困頓與失敗等，[7]如供桌上常見到各式的甜食糕粿與糖盞，即是此意。農曆 7 月

6　此外，如研究者黃俊文認為米糕栳（餞）是將甜糯米放入栳（餞）板所組成的栳（餞）桶內，再經壓製而成的祭品，由於使用 6 塊栳（餞）板，高度又以 6 尺居多，取數「六」有吉祥順利之意；「六」代表「六合」，意謂天地宇宙，上下四方，以六角柱狀米糕栳（餞）祭祀天地間鬼神，符合中國人傳統宗教思維。（黃俊文，〈府城「黃家米糕栳」：臺南民俗類無形文化資產〉，《臺灣民間信仰論文集》（臺南：臺南市鳳凰城文史協會，2018），頁 113。）

7　參考謝貴文，〈從中元普度祭品看民間的飲食文化與養生觀念〉，《高雄民間信仰與傳說故事論集》（臺北：秀威資訊科技，2009），頁 87-88。

圖6：「栫（餞）」與「塔」異曲同工，有溝通的意思，且高聳矗立能吸引好兄弟注目，如同告訴好兄弟，前來享用豐盛的祭品。

圖7：民間祭祀時常見各式堆疊如塔狀的祭品。

普度的對象為孤魂餓鬼，其平日無祀，一年僅於7月能來人間享食，米飯為主食，本就是普度必備的祭品，而糯米熱量高，食後有飽足感，能耐飢餓，白糖同樣能增加熱量外，因其味道甘甜，既有享受的概念，亦有愉悅美好的象徵，以甜糯米製成的米糕栫（餞）款待，能讓終年受飢受苦的好兄弟，飽足度飢、味甘度苦，有吃飽甘甜之意。

圖8：海外華人於普度時也有祭祀佛手、佛包之俗。（2018年筆者攝於馬來西亞麻六甲。）

圖9：民間普遍可見的塔狀形式祭品，圖為糖塔。

【米糕栫（餞）─昔日商旅漁民的乾糧】

　　米糕栫（餞）是米類製品的延伸，經壓實製作與密閉的保存技術，不僅口感紮實具有飽足感，且有較長的保存期限，加上可直接食用，體積小便於攜帶，因此也成了往來商旅隨身的乾糧，如據普濟殿前黃家米糕栫業者所述，早年普濟殿一代緊鄰舊城垣，商人、旅客絡繹，當時米糕栫（餞）便是其外出時最佳的餐食點心，而安平早年的漁民要出海，也會訂購拿到船上食用。

圖 10：米糕栫（餞）耐飢、便於攜帶且能久放，是往來商旅或漁民最佳的糧食點心。

第二節　米糕栫（餞）相關記載

據《安平縣雜記》記載：「凡作醮必普度，一切豬羊牲醴酒席菓品米膏鉆肉山之類，均極豐盛。」文中提到的「米膏鉆」疑為米糕栫（餞），《安平縣雜記》成書約於清末日治初期，若文中所指的「米膏鉆」即今日的米糕栫（餞），推論可能於清末便已存在。而米糕栫（餞）較確切之記載，為日治時期大正 7 年（1918）8 月 30 日《臺灣日日新報》6 版〈赤崁短訊迷信之言〉報導：

臺南三郊組合，例年於七月普度，酒池肉林，踵事增華，爭勝盛況。十一日水仙宮正普，十四日鹿耳門附普，漢席牲醴粿品牌三列，自內拜亭至外門，夕前李勝興、蘇萬利、金永順三郊，米羔淺皆是二三石米，各一淺。外泉郊、秀峰郊及外五條街之福德爺，大小米羔計十餘淺。本年新任組合長遵風俗改良主旨，又值百物俱貴，正附普費用皆節儉，漢席只一列，米羔僅一淺。十四日三郊公共之米羔淺，正在甃上，忽為倒下，壓着八歲之小孩致折一足。一般迷信者，遂言曩者三郊普度之翌早，則在水仙宮施捨粿米，給與貧苦者，自邱馮哥為之倡首停止，其後多不祥，今者節省經費，餓鬼震怒，致米羔淺壓倒小孩，是不祥朕兆，何迷信尚不破除乃爾。

　　可知最遲至日大正 7 年（1918）米糕栫（餞）便已於普度場合中所使用，文中所指，將米糕積聚堆成直立狀，稱為「米羔（糕）淺」，即今日之米糕栫（餞），而清代中元或普度時於高臺上堆疊祭品，亦稱為「淺」，據清同治 10 年（1871）《淡水廳志》〈考一・風俗考・風俗〉記載：「俗傳七月初一日為開地獄，三十日為閉地獄，延僧登壇施食，以祭無祀之魂。寺廟亦各建醮兩三日不等。惟先一夜燃放水燈。各給小燈，編姓為隊，絃歌喧填，燭光如晝，陳設相耀，演劇殆無虛夕。例集一所，牲體饌具，積如山陵，植竹高懸，其名曰『淺』。」[8] 文獻中所述的「淺」即「孤棧」，[9] 雖不同於米糕栫（餞），但將祭品堆疊高聳、直立如「塔」狀，卻頗為相似。日治時期，府城的普度除備辦粿品牲體外，還有以米糕栫（餞）為祭品之俗，民間宮廟、鄰里境民或行郊商號動輒製作 2、3 石米（1 石為 10 斗，1 斗米約 12 斤）的米糕栫（餞）十餘淺，氣勢之盛可想而知，並將祭品施贈給貧困者。1918 年，當局宣導風俗改良，暢行節約，又逢物價高漲，三郊遂將米糕栫（餞）數量減為一淺，鹿耳門寄普時正在豎立的米糕栫（餞）突然

8　清・陳培桂，《淡水廳志》（臺北：臺灣銀行經濟研究室，1963），頁 301。

9　孤棧是由竹架搭製而成，用來懸掛或綁附祭品，形狀有如山的樣貌，用於農曆 7 月或中元祭典進行「搶孤」活動。

倒下壓傷孩童，致使民眾將原因歸咎於風俗改良，擅自改變原本的祭品數量而導致餓鬼震怒⋯⋯。從報導中不僅可看出舊時普度的盛況，以及米糕栫（餞）用量之多與栫（餞）桶之大；由米糕栫（餞）減量而招咎，致人受傷的說法，可推想米糕栫（餞）乃神鬼所喜愛的祭祀大禮，也顯見其受重視之程度。

此外，據日大正13年（1924）1月9日《臺灣日日新報》6版〈赤崁特訊 普濟殿醮事〉報導：

圖11：安平靈濟殿將綁有祭品的篙餞（淺）擺置到孤棚架上，其「孤棚祭」蔚為知名，今已登錄為無形文化資產。（洪瑩發／提供）

建醮祈安。為臺人之崇信。雖日踵事增華。金錢消耗。然亦地方之一繁榮政策。市內福住町普濟殿之池王爺廟。卜來一月二十一日。聘請南北僧道。盛舉落成式。建清醮五天。以介景福。一月二十五日。為最終日。祭孤魂。開焰口。樹引魂幡。排花壇演戲。種夕餘興。該廟管內之七角頭。與新附之二角頭

廟。咸欲獻祭品。各千皿以上。各處之助普者。則南勢街郭
姓六房。雜姓首謝合氏。亦欲獻祭品。各千皿以上。觀音街境
主幹葉肉豆氏。新營郡太子宮境王氏。其餘附近境之金安宮。
佛頭港。媽祖樓。老古石等處人士。亦欲獻祭品。演劇。放煙
火。以資交誼。聞天師壇之築地。在試經口街芭蕉宅內。狹小
如隘門。屆時交通頻繁時。難免不生意外事。查該天師壇。係
大公普度首某甲。為木匠林籬包築。林以舊慣。天師壇若築其
處。附近人口。永保平安。故為之。然識者多為林捨公就私。
普度首某甲亦默不言殊不合理。餘如大廠口街。有南勢街郭姓
六房。聯結謝合氏等。所築之三川門。巍夕百尺。意匠嶄新。
所資亦在五六千金以上。可謂誠心敬神。為此該廟主腦者。陳
淇。盧赤。許榮記。翁河。傅薦五氏。自去一日以來。專心辦
理醮務。廢寢忘食。現暫已就緒。人若有知。當饗斯格。目下
雖未至開醮日。然一帶。約二十餘街道。均準備結不見天。懸
燈掛綵。五花十色。屆時酒池肉林。米塔魚海。電光閃爍。當
大有可觀云。

　　報導中可看出普濟殿舉辦醮典，境內角頭廟與交陪境廟宇
慶讚建醮的情形，尤其南勢街郭姓六房更花費相當多心思，未
到建醮日，附近街道便張燈結綵，搭起「不見天」布幔，酒池
肉林、米塔魚海，十分可觀；而文中的「米塔」所指亦有可能

是米糕栫（餞）。

　　其後，臺南的文史學者於中元普度相關的著述中，或多或少都有提到米糕栫（餞），如 1963 年，連景初在〈人鬼聯歡慶中元〉中記載：

在一年的歲時行事中，中元節是鬼節，於農曆七月十五日舉行盂蘭盆會。本省風俗，盂蘭盆會時須設壇禮醮，延僧登壇說法，施食以祀無祀的餓鬼，謂之普度，即佛家目蓮救母故事的濫觴。本省中元節盂蘭盆會奢侈鋪張的情形，自古已然，搭臺演戲，結綵張燈，鋪設極盛，豬魚雞鴨瓜果等物，堆積如山，更有糯米蒸的「米糕棒」，其巨大如柱，令人瞠目。[10]

　　另於〈臺灣的中元節〉一文提到：

本省光復之初無論都市鄉村，中元節也都處處普度，大宰牲畜，菜肴如山，糯米糕如柱，演戲喧闐，不知物力唯艱，鄉村農民，漁民及濱海鹽民，往往一年，辛苦積蓄，遇到幾次大拜拜即告花光，而舉債也在所不惜，省府有見及此，乃推行改善民俗，特規定七月普度，應在中元節一天統一舉行，不得

10　連景初，〈人鬼聯歡慶中元〉，《臺南文化》第 9 卷 1 期（臺南：臺南市文獻委員會，1963/03），頁 4。

圖 12：普濟殿的醮典，規模盛大、場面壯觀。（洪瑩發／提供）

圖 13：臺灣建醮通常備辦豐厚牲醴，山珍海味、酒席菓品羅列，極其奢華。

演戲，每廟祭祀，以宰豬一隻為限，其他菜碗亦應簡省，力求節約，各縣市並組織改善民俗糾察隊，巡迴查察，各區鄉鎮亦均組織有改善民俗實踐會，勸導宣傳，務求貫徹政令，做到節約糜費，十餘年來，已經收效。[11]

而1970年，文史學者莊松林於〈臺南的普度〉一文中，對普度與米糕栫（餞）則有更詳細的描述：

臺南的農曆七月，可以說為「普度之月」，整個月除了「七夕」和「中元節」之外，每天都鬧着普度，來消耗錢財和光陰的。昔時只限一個月而已，現在已擴張至八月底了…初一那一天，家家戶戶都備了佳饌，排在門口施捨餓鬼，又從此夜起一個月間，屋簷下裝了一個竹笠，下面吊一個寫着「普度植福」的四角型油燈，俗叫做「路燈」，通宵達旦點着火，以利餓鬼夜遊之便。初一開始施捨餓鬼，俗叫做「孝月頭」，十五祭的叫做「孝月半」，月底最後一天叫做「孝月底」，這三天家家戶戶普遍地供祭之外，自古以來把這一個月劃分為一個固定日程表，各街各境按日分別舉行公普。公普前幾天各境值東頭家爐主，向境眾挨戶釀金，於普度前一晚上，頭家爐主乘轎整隊，

---

12 連景初，〈臺灣的中元節〉，《臺南文化》第9卷1期，頁2。

伴着一隊樂隊，繞街至海濱，放水燈邀請水鬼赴會。

　　普度那一天在廟庭結好一座彩壇，前面搭了一長列的棚子，等黃昏時分，命工役扛了櫃，把境眾要出的碗菜，集中搬來排在棚上。壇的一邊羅列了高高低低的「米糕盞」，另一邊裝置了一雞鴨魚肉山，壇前的廣場搭了好幾臺的戲臺。時刻一到，萬千燈光一亮，儼然一座不夜城，於是和尚道士登場誦經佈法了。在盛夏的晚上，一吃了晚飯男女老幼成群結伴擁擠到這裡看熱鬧。

　　一片五花七色的人波，如洪流似的瀰滿所有空間，不住地流動着。每個人都以好奇的眼光，觀看米糕盞的高大；雞鴨山的奇異裝置，碗菜的新穎鋪張等。

　　其中菜餚小的面盆大，中的用大鼎，大的用金魚湖（缸），均以盛滿佳饌，而博了觀者的驚奇和稱贊。[12]

　　由上述文章，可知戰後府城慶贊中元之俗仍十分盛行，甚至從 7 月延續至 8 月，不間歇的舉行，設壇禮醮，演戲連臺，張燈結綵，備極鋪張。而普度時堆疊如山的禽畜牲醴、珍稀新穎的碗菜令觀者嘖嘖稱奇外，其中「糯米糕」、「糯米棒」、「米糕盞」巨大如柱，更吸引民眾的目光，普度奢靡浪費之程

12　莊松林，〈莊松林（朱鋒）先生文選─臺南的普度〉，《臺灣風物》20：2（臺北：臺灣風物雜誌社，1970/05），頁 79-80。

度，令人瞠目，以致後來政府不得不提倡節約，加以改善。

此外，瑞典出生，師從法國漢學家康德謨（Maxime Kaltenmark）的學者施舟人（Kristofer Schipper）來臺南研究學習時，亦曾觀察到早年府城三郊在水仙宮前的普度情形，在其〈老臺南的土地公會〉中記載：

> 三益堂主辦的一年一度的大天后宮媽祖聖誕，花費高達一千二百元。這也是臺南一年中最盛大的宗教遊行。三益堂也帶頭組織每年在水仙宮前舉行的大普度。普度之前有一個五天的為超度死難水手與靖海的奠安福海醮。在大普度設奠饗祭孤魂時，久享盛名的三郊彼此競做糯米甜餑堆疊比高。據傳曾有過高出廟頂的甜餑柱。各郊的甜餑柱上都有題字，把該郊傳說中的創辦人列為施主。[13]

文中的「糯米甜餑」即是米糕栫（餞），當時三郊彼此製作米糕栫（餞）競相爭勝，甚至有以米糕栫（餞）的大小、數量多寡來論定普度規模，因此出現高出廟頂的米糕栫（餞），並於米糕栫（餞）上題字。而如此情景也與業者所述，早年大支的米糕栫（餞）往往高達一、二層樓，於普度後主家（廟宇

13　施舟人（Kristofer Schipper），〈老臺南的土地公會〉，《中國文化基因庫》（北京：北京大學出版社，2002），頁44。

或商號）再將之分給信徒或眾人食用，頗有「誇富宴」的意味，是極為吻合。

石萬壽在〈秫米類點心〉中，對米糕栫（餞）也有詳盡的記述：

圖14：舊時所述的糯米糕、糯米棒、米糕盞等，皆為米糕栫（餞），其矗立時巨大如柱，常吸引民眾的目光。

米糕餅（餞）是大型之甜米糕，是廟會，尤其是七月普度時常見之供品，一般都是六角錐型，高度有八尺至一丈，亦有高至一丈五尺、二丈等。材料和甜米糕一樣，是秫米和糖，先將秫米浸泡五小時後，放在大灶蒸炊，每灶蒸五斗米，另一用大灶熬糖，米泡得愈久，炊得愈香，糖熬得愈久，米糕愈甜，然後將熟米糕和糖水攪拌，注入六角錐形之板模內搗實，烘乾拆板，即成六角錐形之米糕餞。食時，切成細片，煎熟烹熱均可。此物一般點心擔少見，若有，則見於大拜拜以後之一段時間，

此外，此物亦有作成龜狀，稱米糕龜，僅限於祭（祀）之用。[14]

除上述之外，報章雜誌皆有相關的零散報導，內容大同小異，且多離不開與普度祭祀，以及技藝製作或從業者的紀錄，米糕栫（餞）也隨各界的採訪報導，出現不同用字，寫法包括：米羔淺、米糕盞、米糕棧、米糕餞、米糕糭、米糕棒、米糕餅、糯米甜餞、糯米柱、米糕栫……等。

米糕栫（餞）名稱與用字多異，應與舊志文獻相關記載幾乎闕如，一直以來未有精確用字，加以當時紀錄者未能找到適當的詞彙所致，故從閩南語「tshián」發音，或從「戔」字偏旁或形旁，取其義而衍生「淺」、「盞」、「棧」、「餞」、「糭」等字，因此至今未有統一定字；或就其外觀形貌指稱，而有「米糕棒」、「糯米柱」、「米糕柱」、「米糕塔」等名稱，而此用字多異的現象充分說明此食品在各時代有不同的文化觀點，也顯現其多元流變。

14　石萬壽，《樂君甲子集》（臺南：臺南市政府文化局，2004），482-483。

第二章

常民生活中的米糕與文化意涵

　　臺灣的飲食常見以糯米作為食材，從油飯、米糕、桂圓粥、八寶粥等主食，麻糬、湯圓等甜品，到紅龜粿、草仔粿等粿點，糕仔、鳳片等祭祀供品，以及於早年用來包糖果、年糕的透明可食用包裝紙，甚至作為用來釀酒的原料，皆由糯米製成，如《安平縣雜記》〈工業〉記載：「酒店司阜：糯米、地瓜均可釀酒。凡佳釀多自洋船運來。」[1] 糯米可說是變化豐富的食材，深入至日常飲食。米糕由糯米炊蒸或煮製而成，於歲時年節、或嫁娶、生育等生命禮俗，以及祭祀場合亦十分常見，與常民的生活可謂息息相關。

圖1：米糕與油飯文化祭祀意義上差別不大，在生活中扮演著報喜與對神明祈求的深遠意涵。

1　　不著撰人，《安平縣雜記》，頁87。

第一節　歲時年節中常見的米糕

1. 春節

臺灣人食用米糕的飲食習俗由來甚早，根據清康熙 61 年（1722）巡臺御史黃叔璥來臺考察山川地理與民俗風情後所著之《臺海使槎錄》〈赤崁筆談／習俗〉，以及清乾隆 12 年（1747）巡臺御史范咸所纂《重修臺灣府志》〈風俗／歲時〉皆記載：「正月元旦，家製紅白米糕以祀神。於四、五鼓時，拜賀親友。」農曆正月初一至初五是臺灣的春節，也是最重要的節日，傳統社會裡家家戶戶在過年時除了蒸糕炊粿迎接新年外，還會製備米糕祭祀神明或祖先，為臺灣人的祭祀習俗。

2. 清明節

清明節一樣有以米糕祭祀之俗，清明是二十四節氣的民俗節日，根據曆算在每年冬至過後的 105 日，也是春分後的第 15 日，約在陽曆的 4 月 4 日、5 日或 6 日，正值萬物潔淨，草木盛開、一片氣清景明，故稱「清明」。傳統習俗上多於清明時節或農曆 3 月 3 日「上巳節」（即民間一般稱的「三日節」或小清明、古清明）進行掃墓活動，[2] 如漳州人以 3 月 3

2　鈴木清一郎著、馮作民譯，《增訂臺灣舊慣習俗信仰》，頁 498。另參考李秀娥，《臺灣民俗節慶》，頁 120。

日掃墓祭祖,而泉州人以清明節為祭祖日。掃墓又稱「培墓」（puē-bōng/puē-bōo）,依慣例會準備祭品到祖先墳墓打掃、祭拜。祭品包括四果、五牲、菜碗,發粿、紅龜粿、麵粿等粿點,以及潤餅,如《臺南縣志》記載:「輪餅:稱潤餅或春餅,為此節不可或缺的應節食物。各家各戶是日以麵粉攪拌成漿,再以手承之,在平鼎上一抹,即成一輪,俗稱『輪餅皮』,質甚軟潤,稍乾即撿。以此為衣,內盛豆菜或芹菜、土豆麩、皇帝豆、白糖、蝦仁、鹹豆腐等佐料,然後捲摺成品,徑約兩寸,長近四、五寸,即可嚼食,味道津津。俟攜提上墳致祭,返家即合發家屬嚼食,並分餉鄰右嘗味。」[3]可知,以潤餅祭祖掃墓,是常見的習俗,此外,清明還會準備米糕祭祖,有高昇之意。

3. 端午

據臺南文史學者連景初〈端午行事〉一文提到:「臺南早年的端午節日,市上有售『雄黃炮』的,如將雄黃炮點燃,即有一股濃煙冒出。風雅的人士,午時用以在大門上草書應時的聯語,如:『艾草如旗招吉慶,菖蒲似劍斬邪魔。』是日清晨起身後,以井水洗目,謂能明眼,中午汲引飲井水,謂:『飲午時水,不肥亦美』。此外如飲雄黃酒,以雄黃水潑屋角以辟

3　《臺南縣志》卷二〈人民志‧風俗〉（臺南:臺南縣政府,1980）,頁103。

邪等。 這一天家家戶戶在門窗上插艾、菖蒲及桃柳枝，並祭祖祀神，祭品是粽子、米糕及當令瓜果。孩子們身上多掛香珠或『虎仔香』（黃網裏棉作虎狀的香囊），也有佩平安袋（銀翼）的，婦女們多以艾與香草等插鬢髮。」[4]臺南早年的端午節，有點雄黃炮、飲午時水、插艾草、菖蒲與桃柳枝、佩帶「虎仔香」與祭祖之俗，現今部分民俗已改變，如燃雄黃炮之舉已少見，過去以粽子、米糕、瓜果祭祖，今除應景的粽子與節令的瓜果為必備，祭品部分則因人而異。

4. 立冬

立冬為二十四節氣之一，於每年陽曆的 11 月 6 日至 8 日之間，太陽到達黃經 225 度，根據曆書記載：「斗指西北維為立冬，冬者終也，立冬之時，萬物終成，故名立冬也。」「冬」在古文本義為「終」，也有「凍」的之意，進入立冬，表示冬季將開始。立冬時因天候逐漸涼寒，依照臺灣人傳統的歲時節俗慣習，特別是北部人，在立冬這日有補冬之俗，藉由進補抵禦冬天的寒冷，儲存熱量，也達陰陽調和。立冬進補通常以各種藥膳食物，尤其是熱補的中藥材為主，如四物、八珍、十全補湯，或補氣暖胃的麻油雞、薑母鴨或羊肉爐等，此外，糯米

4　連景初，〈端午行事〉，《臺南文化》第 8 卷 3 期（臺南：臺南市文獻委員會，1968/09），頁 63。

性味甘溫，《本草綱目》言其「暖脾胃，止虛寒瀉痢，縮小便，收自汗。」自古中醫便認為糯米為溫和滋補的食材，有健脾暖胃、補中益氣、袪寒補虛之效，因此也有煮桂圓米糕、或米糕粥等糯米甜品，以改善體虛。

5. 冬至

冬至又稱「冬節」，亦為二十四節氣之一，約為陽曆 12 月 21 日或 12 月 22 日。這天太陽正好直射南回歸線，導致北半球白晝最短，黑夜最長，冬至一過，白晝日漸增長，東盡春回，大地逐漸和暖、萬物復甦。冬至是很古老的節日，遠自周朝便已有冬至，且有祭天的祀典，更因為周朝曆法以冬至所在之月為正月，即以冬至為一年之首，所以後來民間才有俗諺「冬至大如年」，家家戶戶都會準備湯圓等米食來祭祖過節。冬至除了敬神祭祖，搓食「米丸」（湯圓，又稱「冬至圓」）全家一起食用，有添歲之意外，自早府城還有吃菜包（菜繭）的習俗。此外，臺灣民間在冬至亦有補冬之俗，認為可以藉此增強體力，抵禦寒氣，如作家王詩琅在《艋舺歲時記》對冬令進補的描述：「有的宰雞殺鴨燉八珍，有的買羊肉和烏棗燉食，貧戶則以福眼肉和糯米、糖炊米糕而食，俗謂此日食補品，對身體特別有益。」（王詩琅，1974）。冬至乃陰極之至，指陰氣到冬至時盛極而衰，因此在寒冬裡要進補，而臺灣俚語「補

冬補喙空（tshuì-khang）」，指的便是補冬最實際的方法便是
祭五臟廟。冬至這天燉補如同立冬進補般，除常見的藥膳食補
外，因為糯米熱量高，能夠耐飢餓、除嚴寒，適合體質偏寒者
或冬日裡食用，以桂圓糯米等溫補食材煮製粥、飯，有助於寒
冬裡身體禦寒，也是常見的養生補品。

6. 臘八

據《說文解字》注：「『臘』，冬至後三戌，臘祭百神。」[5]
「臘」原為歲末大祭，歲終時合祭眾神的祭祀，「臘」祭在一
年的最後一個月舉行，故稱此月為臘月，「臘八」則指農曆
12 月初 8。古時臘八有很多習俗，除了敬神祭祖外，還有舉行
驅鬼避疫的儀式，此外，相傳此日為佛教創始人釋迦牟尼佛的
成道日，據佛教經典記載，釋迦牟尼佛修行之初，隨當時印度
的苦行風俗，每日只食一麻一麥，忍受飢餓痛苦，形銷骨立，
欲棄此苦時，恰遇一牧羊女送他乳糜（用牛奶酥油調製的粥），
食後體力恢復，從此理解到修行應守中庸之道，轉而端坐菩提
樹下沈思，終於在 12 月初 8 悟道成佛，為了紀念佛陀而始興
「佛成道節」，中國佛教徒於此日以米及果物所煮的臘八粥供
佛，象徵供養佛陀的乳糜，慶賀釋迦摩尼佛成道，後來逐漸演

5　中國哲學書電子化計劃
　　https：//ctext.org/shuo-wen-jie-zi/zh?searchu=%E8%87%98。

變成民間習俗。

　　臺灣古來雖不特別重視盛行於中國北方的臘八習俗，舊志也少見記載臘八之俗，但隨著佛教寺院的活動傳播，過臘八也成為臺灣的歲時節俗之一，當日佛教寺院多舉行紀念法會，善男信女至寺院參拜並食用臘八粥以祈平安。臘八粥又稱「七寶粥」、「五味粥」，主要是以糯米及豆類、薏米、麥仁等五穀雜糧，再混合桂圓、紅棗、蓮子、葡萄乾等各式乾果，加糖熬煮成甜粥，因食材多，具健脾養胃、補氣養血與暖身之效，且營養豐富，而成為冬季最好的食補佳餚。傳統的臘八粥以甜食為主，1949年之後，隨著國民政府來臺，中國各省的飲食傳入，另方面也因匯集各寺院不同料理方式，臘八粥的食材也更為多元，甚至有鹹粥出現，以食材豐富、大鍋烹煮為其最大特色，更有「年年有餘」之寓意。除了闔家共食外，臺灣不少佛教寺於12月8日亦會煮臘八粥饋送信徒聚食，或濟貧拔苦，施粥給弱勢貧戶，也成為寒冬中的一股暖流。

第二節　生命禮俗中常見的米糕

1. 做三朝

　　「做三朝」是人一生當中第一個生命禮俗，根據臺灣習俗，早期嬰兒出生後第 3 天，要舉行沐浴儀式，請產婆替嬰兒

沐浴淨身，又稱「三朝洗兒」，之後便可向親友報喜，並祭告祖先家中添新成員，同時祭拜註生娘娘、七娘媽、媽祖、觀音、床母等職司庇佑孩童等神明，祈求庇佑初生兒平安成長。此於鈴木清一郎《臺灣舊慣冠婚葬祭與年中行事》，對於「三朝之禮」有詳細的記載：

> 三朝之禮：產後第三天，把產婆叫來，用桂花心、柑葉、龍眼葉及一粒小石放入水中加以煮沸，水溫涼了之後沐洗嬰兒全身。洗完後穿上新衣。柑葉、龍眼葉象徵嬰兒將來能如柑橘、龍眼繁殖力強，子孫滿堂；石頭象徵嬰兒將來能有膽識。這一天，祖母抱著嬰兒至正廳神明祖先前拜拜，親友前來祝賀，稱為「三朝之禮」。這一天要正式通知女方，女方會送來各種賀禮。每個地方不太一樣，有時是產後第 12 天，女方娘家會送雞等賀禮過來。三朝之禮要以「油飯」與「雞酒」來祭拜神明、祖先，拜完之後要將「油飯」與「雞酒」送給女方，女方要向神明、祖先點香燒金拜拜，稟報生小孩之事，稱為「報酒」。[6]

三朝祭祀供品以三牲酒醴、麻油雞酒與油飯，祭祖敬神後還要將一部分的雞酒與油飯送往外家（女方娘家），稟告生產的好消息，是為「報酒」。外家得報後，也會回贈各種賀禮，

6　鈴木清一郎，《臺灣舊慣冠婚葬祭と年中行事》（臺北：南天，1934），頁 111-112。

並可至男方家替女兒「做月內」（坐月子）。

當日，也要做油飯分贈親朋鄰里，做三朝時分送雞、酒、油飯給親友的情形，於清光緒 19 年（1893）林豪《澎湖廳志》中已見記載：「凡生育男女，是日必以熟雞送外家，謂之報更。至三日後，外家報以雞、酒、米、布，謂之送更。主家於雞、米受半，酒、布全收。十日後，各親有送雞、米者，亦名送更。主家亦以雞、酒、油飯分送之。」[7] 可知遲至清末已有此俗。而富裕之家或文人雅士還會設宴請客，謂之「湯餅會」（「湯餅之喜」），此於片岡巖《臺灣風俗誌》亦有記載：「產後三日，……這一天親友會來表示祝賀之意，此即古時所稱的「三朝之禮」。產家會以製作油飯、米糕分給親友，富裕之家則設筵席請客，俗稱『湯餅』。」[8]

2. 滿月

「滿月」又稱「彌月」，據連橫《臺灣語典》記載：「滿月，則彌月；謂兒生及一月也。」[9] 嬰兒出生一個月要「做滿月」，重要的禮俗包括「剃頭」、「送油飯」、「喝（huah，大聲喊

7　林豪，《澎湖廳志》卷九〈風俗〉（臺北：臺灣銀行經濟研究室，1958），頁 314-315。
8　片岡巖，《臺灣風俗誌》（臺北：臺灣日日新報社，1921），頁 7。
9　連橫，《臺灣語典》（臺北：臺灣銀行經濟研究室，1963），頁 46。

叫）鴟鴞」與「送頭尾」。根據林豪《澎湖廳志》卷九〈風俗〉記載：「滿月剃頭，主家則分送雞旦（蛋），仍前宰雞煮油飯請客。是日外家備送米粉和紅麵做丸一百枚，邀新外甥到家。親朋有送銀牌、手鐲如內地者，有送月餅桃麵者。」[10] 滿月時要做油飯祭拜神明與祖先，並分贈親友鄰居，也要為嬰兒剃掉胎髮，又稱「剃滿月頭」，再由祖母或母親抱著嬰兒到戶外「喝（huah）鴟鴞」，以雞笅（ke-tshíng/kue-tshíng，雞帚）敲打地面做趕雞狀並邊喊：「鴟鴞飛高高，生子生孫中狀元，鴟鴞飛低低，較快做老父。」[11] 有保護嬰兒之意，也期許嬰兒長大後能夠像老鷹一樣強健，飛黃騰達，如今此俗已幾乎不存。而娘家（外婆）會贈送嬰兒從頭到腳的衣帽、鞋襪與帽花、鎖片等金銀飾品，稱「送頭尾」，表示「有頭有尾」、「表裡一致」之意，以及紅龜、紅圓、芭蕉等，象徵喜氣、圓滿。

滿月當日製作油飯、雞酒等供奉神明與祖先，並分送鄰人與親友之俗，據連橫《雅言》載：「臺俗生子，三朝或滿月，以糯米蒸飯，拌以麻油、豚肉、蝦米、蔥珠，謂之「油飰（飯）」；則東坡《仇池筆記》所謂「盤游飯」者也。按《北

10　林豪，《澎湖廳志》（臺北：臺灣銀行經濟研究室，1958），頁314-315。

11　池田敏雄，《臺灣の家庭生活》（臺北市：東都書籍株式會社臺北支店，1944），頁250。

戶錄》云：「嶺俗，家富者婦產三日或足月洗兒，作團油飯，以煎魚蝦、雞鵝、豬羊、灌腸、蕉子、薑桂、鹽豉為之。」東坡所記「盤游飯」二字語相近，必傳者之誤。臺灣為閩、粵人聚居之地，故沿其俗；不論貧富，必以此分饋戚友。」[12] 當中提及的宋朝文人蘇東坡在《仇池筆記》裡所記載的「盤游飯」，即類似臺灣的油飯或筒仔米糕，舊時臺灣民間於嬰兒三朝或滿月，即有以油飯饋贈鄰居與親友之俗，時至今日，油飯仍是常見的彌月贈禮，而早年外婆送禮來替外孫做彌月，女婿還必須準備一大籃的油飯回禮，讓女家帶回去後分贈親友，隨著時代變遷，今多改成盒裝油飯。

　　臺南的彌月油飯，是將糯米蒸熟後，與豬肉、香菇、魷魚、蝦米等配料，以及由醬油、紅蔥頭、五香粉熬製的醬汁拌勻而成，由於是宣告家有喜事，傳統上還會放些甜油飯，或鹹甜各半，讓人「食甜甜」。早年甜油飯以糯米炊熟後加糖與紅豆拌勻，或僅以糯米炊熟後拌糖，再放上一些葡萄乾或木瓜絲等蜜餞點綴色彩，後來也有加葡萄乾、龍眼乾或甘納豆等。有鹹有甜的彌月油飯，鹹甜一起入口，是臺南地區道地的古早味。

12　連橫，《雅言》（臺北市：臺銀排印版，1963），頁82。

圖2、3：彌月油飯今已逐漸由西餅蛋糕所取代。

3. 做十六歲

　　古時年滿 16 歲即為成年，為答謝職司護佑孩童的七娘媽、婆姐等諸神長年庇佑孩童順利長大成人，民間有「做十六歲」成年禮之俗。傳統習俗，孩子出生後，長輩因擔心孩子體弱多病、受驚嚇睡不好或夜裡啼哭不止，所以會向七娘媽或庄內廟宇神明祈求「絭牌」，掛於幼兒頸上，稱為「捾絭」，祈求孩子平安成長。到了孩童滿 16 歲，在農曆 7 月 7 日當天，再準備紅龜、軟粿、糕餅、牲醴、麻油雞酒、油飯、甜芋、粽子、麵線、胭脂水粉、圓仔花、雞冠花，以及「七娘媽亭」等祭品，祭拜七娘媽與婆姐（姐母，或稱「鳥母」），酬謝神恩，並將頸上的絭牌脫去，稱為「脫絭」，然後焚燒經衣、金紙或床母衣，再從父母手持的七娘媽亭下鑽過，象徵「出姐（鳥）母宮」，表示從此已成年，不再需要七娘媽與姐母的特別護佑。早年部分人家當日還會準備油飯致贈親友，告知並分享吾家有子初長成的喜悅，今此 16 歲分送油飯的習俗亦逐漸式微。做十六歲之俗，遍布於臺灣各地，舊時多於自家門口設供桌，向天祭拜呼請，至晚近才到廟中祭祀，感謝神恩。在臺南，包括府城、五條港、安平等地區皆有此俗，其中又以開隆宮的做十六歲成年禮的禮俗與祭物最為隆重。

圖4：安平開臺天后宮舉辦做十六歲成年禮，場面盛大。

圖5：府城做十六歲儀式，原於家中進行，漸至廟中舉行，甚至擴大辦理。（攝於2019年開隆宮做十六歲儀式。）

圖6：五條港崇福宮做十六歲時的雞酒與油飯。

4. 嫁娶
(1)安床

　　男女雙方在結婚前，男方須擇一吉日，在新房安置床鋪，給新婚夫婦婚後睡，由於是生育子孫傳宗接代之處，故又稱「子孫床」，並行「安床」儀式。安床時，由「好命人」（全福婦人）負責鋪好被褥床巾，同時準備米、鐵釘、紅棗、桂圓、蓮子、紅豆等寓意子孫綿延、人丁興旺的物品放置床上一段時間後撤走，再依吉時將床位移正。之後由父母健在，兄弟俱全或生肖屬龍[13]的男童在牀上翻滾，稱「翻舖」，邊念祝福話語如：「翻落鋪，生查甫；翻過來，生秀才；翻過去，生進士。」預祝新人早日弄璋。臺南地區也有擺放一盤甜米糕或雞酒、油飯等供品，於床前祭祀床母，庇佑新人早獲麟兒。

圖7：安床是結婚前的重要儀式之一。

13　龍在民間被視為是祥瑞的動物，有祝賀新人龍鳳呈祥與生龍子之意。

(2)嫁娶

　　傳統習俗，在結婚當天或婚禮過後第 3 天，女方要準備一大一小盤的甜米糕（米糕豆），男方於祭拜神明後，大盤米糕豆分送親友，共享結婚的喜氣，但要切一塊給女方帶回（或切一大圓留下，剩下外圍部分留給女方）；小盤米糕豆則放新房的床頭，祭拜床母，祈求床母賜給新人幸福並早生貴子，民間更有一說，祭拜過床母的米糕豆只能由新婚夫婦兩人共同吃完，不可給第三人分食，據說才不會入介入第三者。米糕豆以糯米、紅豆與糖製成（部分地區米糕上放花生），甘甜有黏度，藉以比喻夫妻感情甜蜜，如膠似漆。另一說是因為舊時交通不便，加上婚禮儀俗繁冗，娘家擔心女兒餓肚子，於是準備米糕讓女兒果腹，而為了顧及禮貌，因此多準備一份讓女兒帶過去給男方分送親友，也分享喜氣。

圖 8：嫁娶時，女方準備甜米糕讓男方帶回去分送親友，有些還會準備米糕頭讓新郎新娘在房間吃。

(3)歸寧

歸寧是婚後第一次回娘家，又稱「回門」、「作客」或「轉外家」。歸寧之期各地不盡相同，有於婚後 3 日、6 日、9 日或 12 日，也有滿一個月時才回門。歸寧當日，新人攜帶禮餅、米粩、桃餅、蜜餞等與酒為禮回娘家，祭拜祖先與神明，中午或晚上由女方設宴款待女婿與親友，返回時，娘家也要回贈寓意吉祥的禮物，如炁路雞（tshuā-lōo-ke/tshuā-lōo-kue，帶路雞、引路雞，有炁路雞新娘好起家之意）、連根帶葉的甘蔗 2 枝（有頭有尾，亦有祝福新人甜甜蜜蜜之意，甘蔗的根留下來栽種，則象徵子孫繁榮），以及米糕（上插蓮蕉花，有祝福早生貴子之意）、紅圓等讓新人帶回，[14] 祝福新人起家萬事興、多子多孫。

5. 產後坐月子

臺灣婦女生產禮俗中，十分重視產後的「坐月子」（做月內），可謂女性生產後普遍必經的一種儀式行為。坐月子期間不僅在生活、行為上有許多禁忌，如禁止外人擅入「月內房」，產婦在嬰兒滿月前不可參與任何婚喪喜慶與廟會活動，禁止夜

---

14 現在也常見將炁路雞於結婚當天隨迎娶車隊一起送達新居，早年以真的雛雞，放置於床底，據說可卜測生男女，現在則以裝飾雞代替，擺置於屋內，有起家之意。

間外出，禁止看書、縫紉、洗髮、沐浴……等，在飲食方面更有一套規則，包括忌食生冷粗糙與油膩不易消化的食物，也忌食鴨肉、鵝肉等在習俗與中醫觀點上認為有毒的食物，[15] 忌食過度鹹辣的食物，此外，要多食雞肉、豬肉、腰子（補腎、預防腰痛）、豬肝（可洗淨產婦體內髒血）等食物。而為了讓產婦於產後身體能盡快恢復，且有充分的乳汁可哺育嬰兒，還要準備麻油雞酒與油飯等食物補身，據鈴木清一郎《臺灣舊慣習俗信仰》記載：「麻油雞的煮法是雞、米酒、胡麻油、薑母一同煮，是為產後必需的食物，臺灣人咸認為麻油有補，其熱性對產婦失血之身有益，因此麻油雞可以幫助子宮收縮即早復原，減少產婦之疼痛，生男兒吃雞妹，即雌雞，若生女兒吃雞角，即雄雞。」[16] 至於油飯，在〈和妊娠及生產有關的臺灣民俗〉一文中提到：「油飯是糯米混合胡麻油做成的，較富裕的家庭有幫產婦『做月內』的習俗，產婦幾乎天天都吃雞、胡麻油、與酒混合的食品，如此可使產婦營養充足，身體恢復的快，餵

---

15 據《本草綱目》記載：「鴨肉，甘、冷、微毒。」因而成為民間「鴨肉有毒」之說的憑據，然而就現代觀點，其實是與國人進補多以「溫補」為主，故不採用性涼的鴨、鵝等禽類，而多以溫和的雞肉為食材；另也與中醫的「發物」理論有關，認為某些家禽類（如鵝）屬於「發物」，較容易誘發疾病，因此罹患某些疾病或是某些特殊體質的人需要忌口。（參考自林仲，〈鴨肉有「毒」嗎？〉，《畜產專訊》第44期，行政院農業委員會畜產試驗所。）
16 鈴木清一郎著、馮作民譯，《臺灣舊慣習俗信仰》（臺北：眾文圖書，2004），頁127。

母奶對於新生兒的健康也有助益。」[17]產後種種的禁忌與食補概念，其實是為了讓產婦在生產過後能得到充分的休息，避免與外界太多的接觸以致感染疾病，同時透過滋養的食材進補，令身體儘快恢復到最佳狀態。麻油因有助產婦子宮收縮並補充元氣，雞肉富含蛋白質能提供營養，薑能暖和身體驅除寒氣，而以糯米烹煮的油飯不但具溫補之效，也是產後分饋親友之物，兩者皆成為產後最重要的飲食，也是生育禮俗中的最具代表性的食物，至今此食俗仍為現代人遵行不悖。

6. 喪儀

傳統喪葬禮儀中，祭拜往生者所準備的祭品，除牲體、菜碗、發粿、糕餅外，也有用甜米糕，據說因米糕質性黏稠，有期待再相聚之意，並於儀式完成後將祭祀的甜米糕捏一小塊食用，以表圓滿之意。[18]除了喪儀中的祭品，喪事「奠禮」（即「告別式」）儀式中，也有以糕粿或米糕作為「答紙」。所謂答紙，又稱「答紙禮」或「答銀紙份」，就是喪家接受親友之弔賻的答謝回禮。臺灣民間習俗，在往生者去世後，前來弔唁的親友通常會送錢給喪家買銀紙燒給死者，俗稱「香奠」、「楮

17　呂阿昌，〈和妊娠及生產有關的臺灣民俗〉，《民俗臺灣》第 1 輯（臺北：武陵，1998），頁 149。

18　訪談黃銅山，2019.06.13。

敬」或「紙敬」，而喪家為酬謝弔客，答謝禮品中也會有糕餅
米糕。關於喪儀中回贈糕粿之俗，在清代方志中便見記載，如
《雲林縣采訪冊》〈風俗〉篇中所記：「七七之後，即做百日，
卒哭；謝弔者以糕粿，謂之答紙。」[19]此外，根據日治時期《增
訂臺灣舊慣習俗信仰》記載：「喪家答禮，普遍為白米糕，日
據時期以後，改用毛巾、手帕之類。」[20]按古禮慣俗，早期喪

圖9：基隆喪禮會用甜米糕，現在有以用白飯加糖替代。（洪瑩發／提供）

---

19 倪贊元撰，《雲林縣采訪冊》（臺北：臺灣銀行經濟研究室，1959），頁
25。

20 鈴木清一郎，《增訂臺灣舊慣習俗信仰》（臺北：眾文圖書公司，
1994），頁372。

家為酬謝弔客，通常以龜粿、糕餅或米糕答謝，日治時期之後才改以毛巾作為答禮。

第三節　民間信仰中常見的米糕

1. 拜床母

　　臺灣民間俗信，孩童的保護神為「床母」。關於床母，民間眾說紛紜，有認為床母也就是婆姐，為臨水夫人陳靖姑之配祀神，又稱「姐母」，臺南則多俗稱「鳥母」（tsiáu-bú/bó），因臨水夫人為救人產難、護佑婦孺之神祇，故婆姐職司也脫離不了生育護兒的範疇；也有認為床母與婆姐雖職司相同，神格卻不同，一般床母多無形象，駐守於房內照護嬰孩，而婆姐不僅有神像，亦出家宅而奉於宮廟之中，然而無論說法如何，皆為守護孩童、庇佑其平安順利成長的神祇。民間認為嬰兒自出生起至成年以前都受床母的照顧，床母於臥室中保護小孩，據說孩子睡

圖 10：日治時期以前，臺灣多以糕粿或米糕作為喪禮答紙。

覺時會微笑、皺眉或奇怪的表情，也都是床母的逗弄（藍草明，
1943），為感謝床母對孩子的庇佑，早昔臺灣民間有祭祀床母
之俗，據鈴木清一郎《臺灣舊慣習俗信仰》記載：「俗信以為
母親生產嬰兒的床上有床母，床母是新生兒的守護神，是保護
養育小孩長大的。產後做三朝、六天、十二天、滿月，以後每
逢節日或祖先崇拜祭禮時都要『拜床母』，直到嬰兒十六歲成
人。」[21] 民間俗信，產後第 3 天、6 天、12 天、滿月，農曆的
初一、十五，7 月 7 日（傳說為床母誕辰日），以及每逢年節、
二十四節氣、重要祭祖日或孩子生病或有異狀時都要祭拜床
母。[22] 通常於臥室內的床邊或床頭旁擺放一碗油飯與雞酒為供

圖 11：早年民間常見於床
邊擺放油飯祭祀床母，今
已較少見。

21　鈴木清一郎著、馮作民譯，《臺灣舊慣習俗信仰》，頁 132。
22　另參考鈴木清一郎，《臺灣舊慣冠婚葬祭と年中行事》，頁 117。

品敬獻床母，祈求孩子「膨膨大，好么飼（hó-io-tshī）」，吃睡安穩，平安成長。如今，隨著社會型態轉變與繁忙，祭祀床母之俗也逐漸式微。

2. 七娘媽生

清康熙 35 年（1696）《臺灣府志・風土志／歲時》記載：「七月七日，是夕人家女兒羅瓜果、線針於中庭，為乞巧會。」[23]另據清康熙 59 年（1720）《臺灣縣志・輿地志／歲時》記載：「七月七夕，為『乞巧會』。家家備牲醴、果品、花粉之屬，向簷前燒紙，祝七娘壽誕，解兒女所繫五采線同焚。」[24]清代臺灣七夕有女性乞巧與祭祀七娘媽習俗，七娘媽為七星娘娘，一說為織女星，為兒童的保護神，農曆 7 月 7 日為七娘媽誕辰，舊時民間婦女於當天會在月下設香案祭拜七娘媽，祈求庇佑家中未滿 16 歲孩童得以順利平安成長。祭祀七娘媽除了清茶水果、牲醴、山珍海味、十二菜碗、紅龜壽桃、帶尾的甘蔗，以及雞冠花、圓仔花外，還要供奉七味碗，即 7 碗粿食或糕點，包括麻油雞酒、油飯、糕餅、湯圓、桂圓、甜芋、蓮子等不同

23　清・高拱乾撰，《臺灣府志》（臺北：臺灣銀行經濟研究室，1960），頁192。

24　清・陳文達，《臺灣縣志》（臺北：臺灣銀行經濟研究室，1961），頁64。

的食物，其中，象徵女性懷孕坐月子時補身必備的麻油雞酒，以及嬰兒滿月時得分送給親友的油飯，是傳統社會中女性生兒育女時最具代表性的食物，也成了祭祀七娘媽必備的供品。由於七娘媽為女性神，依照傳統習俗，還要供奉胭脂水粉、梳鏡針線、香扇手帕等女性用品，並準備毛巾臉盆給七娘媽盥洗。此外，據說七娘媽喜居華樓、好妝扮，故其誕辰時信徒也會敬獻彩紙糊的七娘媽亭與鳥母衣（為洋紅色或紫紅色，上印有紫色雲和花草紋，為衣料代用）。祭祀時，於自家中庭或門口向天呼請祭拜，今府城人則多備供品至主祀七娘媽的開隆宮祭祀。

3. 求子

傳統社會對於子嗣的重視，致使民間衍生出許多與生育相應的祭祀文化，註生娘娘與臨水夫人為職司生育的神祇，故婦女多向其祈子，祭祀時，同樣必備象徵生育文化意象的麻油雞酒與油飯為供品。而民間俗信，人的本命元靈為靈界百花園內的植物，男性的本命元靈為一棵樹叢，女性則為一株花叢，皆由花公、花婆照料，本命樹欉與花欉的生長情況與本人的健康有密切關係，婦女若是懷孕俗稱「有花」，「開花」即代表生兒育女，白花為男、紅花為女，因此在道教或民間信仰中才有

圖 12：麻油雞酒、油飯、甜芋是祭祀七娘媽必備的祭品。

圖 13：民眾自行準備的麻油雞酒、油飯與經衣。

顧樹欉、顧花叢之說，[25]更衍生相關的求子儀式，如府城的臨水夫人媽廟便有「求花（子）」之儀，於祭祀時向臨水夫人媽陳靖姑、林紗娘、李三娘及註生娘娘、花公、花婆稟告夫妻姓名與生辰，再稟明求子心意（如欲求男孩為白花，女孩為紅花）後再擲筊，經神明應允後，便可求花帶回，倘若喜獲麟兒，通常也會煮麻油雞酒、油飯回廟答謝。

　　早年婦女在祈求臨水夫人或註生娘娘賜花降子後，即便幸運懷孕，還得面臨漫長的孕期與生產的關卡，在醫療衛生尚不發達的年代，女性分娩如同面臨生死交關，因此才有「生得過麻油（雞酒）香，生不過四塊板」之俗諺，意指產婦一旦順利生產，就有麻油雞酒進補，若不幸難產便只能準備棺木。而好不容易撐過人生大關，更得大肆慶賀，除了坐月子期間有麻油雞酒、油飯補身外，更要以此為禮答謝神恩，此據《民俗臺灣》之記載：「一些沒有小孩的人家，在向神明祈求後喜獲麟兒，會煮油飯、雞湯放在路邊供人食用，以表對神明謝恩，稱之為『謝恩飯』。」[26]可知以麻油雞酒、油飯答謝神明賜子為早年普遍之俗。

25　參考李秀娥，《臺灣傳統生命禮儀》，臺中：晨星，2003。林敬智〈栽花換斗〉（全國宗教資訊網-宗教知識-宗教活動 https://religion.moi.gov.tw/Knowledge/Content?ci=2&cid=177）。

26　吳槐，〈臺灣人有關結婚與生產的俗信〉，《民俗臺灣》第7輯（臺北：武陵），1998/1，頁70。

圖 14：府城的臨水夫人媽廟主要祭祀掌管生育的臨水夫人，廟內有一套完整的求花（子）程序。

4. 祭解與補運

　　米糕是祭解或補運時主要的米製祭品，祭解又稱「祭改」，即祭關煞解厄運，民間信仰觀念裡，認為人遇到各種災難，可能是沖犯到天災地曜、凶邪惡鬼、亡神劫煞所致，因此當人們運途不順、家運不濟或遭逢災厄，便需要親自或央求親人到宮廟祭解，以消除厄運或災禍，祈求平安，使運勢轉為順遂。祭解時，準備糕餅等祭品、金紙、以及替身紙人，由道士或法師進行儀式，為民眾解除禍凶難關，將厄運化解，轉危為安，最後再將替身紙人焚化。而北部地區祭解，則會準備米糕與帶殼

的龍眼乾，因米有生命延續之意，米糕可增強生命力，象徵補命、補運；龍眼乾又稱「福圓」，食用時須去殼，有災去厄解之意。

人的一生，運勢高低起伏，難免有面臨不順遂的時候，民間俗信，當運勢較差時容易招致災禍，為補歲運不足，必須「補運」；亦有民眾每年進行補運儀式，通常多在春、夏二季，尤其以農曆 2 月 19 日觀音菩薩誕辰日進行者最多，[27] 也有於一年開春時即進行補運，認為可以祈求一整年好運。根據鈴木清一郎的記載：「補運一般有簡式與正式二種，前者只需準備米糕至廟裡燒香禱告，即可消除厄運。至於後者，則有兩種作法：一是請幾名道士來家中施法術，祈求帶來好運；或是在家中設道場，供奉神明，然後進行補運的祭典。另一種作法則是是到廟裡請道士施法術，為當事人補運。」[28] 足見補運儀式在臺灣盛行已久。今日民間的宮廟辦理「補運」的儀式仍十分普遍，一般的小補運只要自行準備米糕（甜糯米飯）為祭品，北部地區則會以上放帶殼龍眼乾的米糕，到廟裡敬拜神明改求好運；也有由道長主持，於廟內集體辦理，各地習俗不一，一般會準備十二元神紙錢，補足運氣，中南部則是會燒化補運金來補足所缺的運勢；若是遇到久病不癒或運勢低落，會延請法師進行

27　如當日臺北艋舺龍山寺會有補運祈福的儀式。

28　鈴木清一郎著、馮作民譯，《臺灣舊慣習俗信仰》，頁 63-64。

「進錢補運」科儀。[29]

此外，農曆6月6日為古之「天貺節」，相傳為「天門開」，是玉皇大帝將天門打開賜福人間的日子，也是補運的最佳時機，民間亦於當日進行補運，尤以北部地區的宮廟較為盛行，如萬華龍山寺、行天宮、霞海城隍廟、大龍峒保安宮等皆有補運之俗。一般會依照信眾家中男丁女口數，準備等量的男女替身、補運錢和米糕（上有一顆龍眼），並按照人數備幾個龍眼擺在祭品盤中，連同金紙、水果、糕餅、壽麵等一起祭拜，祈求上天為信眾消災祈福，待祭祀完畢，將替身、金紙一起焚化，再將龍眼殼剝下，有「脫殼脫離離」，把過去的霉運去除之意，並吃下各自所屬的那一顆龍眼（福圓），象徵福氣圓滿。[30]

5. 乞龜

自古以來「龜」被視為祥瑞、長壽的象徵，據《禮記‧禮運》記載：「麟鳳龜龍謂之四靈。」[31] 又據《抱朴子‧論仙》曰：「謂生必死，而龜鶴長存焉。」[32] 由於麟、鳳、龍均屬圖騰，

29　見張珣、洪瑩發，《安平進錢補運科儀初探：以妙壽宮小法團為例》，《民俗與文化》第七期，頁 19-42，2012/6。

30　臺灣民俗文物辭典，〈補運〉，國史館臺灣文獻館，http：//dict.th.gov.tw/ term/view/2433。

31　臺灣民俗文物辭典，〈補運〉，國史館臺灣文獻館，http://dict.th.gov.tw/ term/view/2433。

32　中國哲學書電子化計畫 https：//ctext.org/dictionary.pl?if=gb&id=277844。

只有龜為真實動物且有長壽的象徵，自古以來龜也成為民間崇拜的對象。臺灣的廟宇在神明誕辰之日或元宵節便有「乞龜」習俗，即以米、麵製成各種龜狀的食物，如米糕龜（米龜）、麵龜或鳳片龜為供品，待祭祀過後讓信眾乞求，得到神明允諾後帶回家分食，據傳便可健康長壽，家宅平安，而通常乞得龜後，於翌年還得再製作更大隻的「龜」到廟裡奉還。此於連橫《雅堂文集》可見記載：「慶弔之事，以麵製粿，或磨米為之，形如龜，謂之紅龜。喪則用白。龜長壽也，讀如居，謂可居財。坊里廟會，陳龜數十，或重至十餘斤。人向神前乞之，謂可介福。明年此日，乃倍價焉。」[33] 而若是經許願，如求子嗣、求財或其他願望者乞得的龜，倘若祈求之事如願以償，「還龜」時更必須加倍奉還，以答謝神恩。

6. 神明誕辰或祭典

其它如神明誕辰或祭典中，也可見以米糕為供品，如關聖帝君誕辰常見以米糕為祭，再者學甲慈濟宮每年的上白礁祭典，爐主都會準備甜、鹹米糕祭祀保生大帝，幾乎已成慣俗。此外，民間宮廟於神誕日，更多以米糕龜為神明賀壽，是頗為

33　連橫，《雅堂文集》〈卷三‧筆記〉（臺北：眾文圖書，1979），頁183。

圖 15：民間宮廟於神誕或元宵節舉辦「乞龜」，供信徒乞來「食平安」。

圖 16：學甲慈濟宮每年的上白礁祭典，爐主都會準備甜、鹹米糕。（王乃正 / 提供）

圖 17：民間神誕祭典中也常見以米糕為祭品。（洪瑩發 / 提供）

普遍的米糕形式，同樣有祈求財壽平安之意，甚至有以米糕製的豬、羊或合其他牲醴（三牲或五牲）來祭祀神明。

7. 普度[34]

包括農曆 7 月的中元普度，以及建醮普度。府城的普度不僅祭儀與場面隆重盛大，祭品更是豐富且獨具特色，其中必備的米糕桛（餞），為府城特有的祭品，多用於普度或建醮時，鮮少見於其他場合，尤其廟宇的用量甚多，並於祭祀後由廟方分給信眾，感謝信眾慶贊普度法會。

第四節 生活飲食中常見的米糕或油飯

稻米是臺灣主要的糧食作物，與人民的生活有密不可分的關係，據連橫《臺灣通史》記載：「臺灣產稻，故人皆食稻。自城市以及村莊，莫不一日三餐，而多一粥二飯。」[35]臺灣的稻作發展甚早，而溫暖的氣候、肥沃的土壤更適合稻米栽種，因此稻米不僅作為民眾主食，更是用來釀酒、蒸糕，或製作各種炊蒸點心的原料。

---

34 府城的中元普度，詳見第三章第一節。

35 連橫，《臺灣通史》（臺北：臺灣銀行經濟研究室，1962），頁 605。

圖 18：府城廟宇普度祭儀與場面隆重盛大，祭品更是琳瑯滿目。

圖 19：「米糕栫（餞）」是府城普度必備也是特有的祭品。

1. 日常三餐與點心

臺灣最常見的糯米料理，莫過於米糕與油飯。由於受到閩南飲食習慣的影響，加以糯米取得容易且又具有飽足感，以糯米烹調的料理也成為常見的餐食。米糕與油飯皆可分為鹹、甜兩種口味，甜的米糕與油飯差異不大，多以糯米炊蒸後加糖或紅豆拌勻，或僅以糯米炊蒸後拌糖。而鹹口味的米糕與油飯因材料、外觀頗為相似，各地對兩者的稱呼不同且似有混淆的現象，有以烹調過程不同來加以區分，米糕以炊蒸製成，油飯則透過翻炒製作。而經訪談府城耆老與製作業者，表示其最大差異在於配料食材的不同，米糕的配料較簡單，糯米炊蒸後，淋上肉燥、魚鬆、花生等，再以醃漬過的黃蘿蔔片或醃黃瓜等點綴；油飯的配料則較豐富，臺南的油飯配料大致包括豬肉、香菇、蝦米、魷魚，部分還會加上栗子等，[36] 食用時亦有另擺上幾尾蝦子或芫荽（香菜），增添豐富外也增加香氣。早年的臺南米糕份量通常不大，小巧精緻，且價格昂貴，屬於「食巧不食飽」的高級點心，少有人拿來當作正餐，直到後來市場才出現大碗的米糕。此外，另有筒仔米糕，材料與一般米糕相似，唯作法稍異，將材料放入小型筒形容器內蒸熟，再倒扣出米糕於食器中，加上魚鬆、醃黃瓜片等，由於是將材料一併蒸熟，

36　訪談普濟殿米糕栳黃銅山、本淵寮米糕饞黃太郎、下大道（蘭）米糕。

故比米糕略為油膩。

　　甜的米糕或油飯口味單純，許多經歷日本統治時代的長者，對糯米製作的甜米糕飯，即紅豆飯（赤飯／せきはん）皆有記憶。早年府城另有販賣甜米糕的攤商，即將糯米浸水泡軟加酒蒸熟，趁熱加入糖粉或花生糖粉拌勻，再蒸至糖熔化後取出，倒入鋁盤內壓平，待冷卻切塊出售，食時再煎或蒸熱即成；[37]普濟殿前黃家米糕栫早年亦曾製作甜米糕切塊於廟口附近零售，後來一度曾交貨給鹽酥雞業者，以油炸熱後販售。此外，以糯米、桂圓、砂糖熬煮至稀爛的米糕糜（米糕粥），具有補氣功效，除作為立冬或冬至等節日的祭祀或補冬食品，亦是另一種常見的日常點心。日治時期，米糕粥通常有小販挑鍋販賣，冬夏食材不同，冬天加桂圓，夏天加綠豆，也有小販將鍋子分二等分，一半煮米糕粥，另一半煮糯米鹹粥，做為常民或勞動階級者的點心。[38]位於府城大菜市內，於日治時期啟業至今的「江水號」便是具代表性的業者。今日，甜米糕或甜油飯多用於特殊場合，常為節日儀式或饋贈的食品。至於鹹米糕則是十分普遍的餐食，無論作為正餐或點心皆很受歡迎，府城便有多家業者販售，如落成米糕店、榮盛米糕、美鳳米糕、小

37　石萬壽，〈臺南府城的行郊特產點心〉《臺灣文獻》31：4，1980/12，頁88。

38　參考自武內貞義，《臺灣》（臺北：南天，1996），頁1088。

圖 20：米糕可作正餐可當點心，為日常飲食。

南米糕、首府米糕、蔡家米糕、下大道（蘭）米糕……等，皆為老字號業者且頗受饕客喜愛。

2. 飲宴中的米糕

米糕或油飯由糯米煮製，既為主食，也可作為常日裡正餐之間的點心小食，而搭配不同的食材變化烹調，亦可作為飲宴中的精緻菜餚。自早民間有「無點不成席」的習俗，糯米也可變化為宴席間的點心，如民國 60 年代或以前，臺灣南部吃辦

圖21：米糕豐儉不一，變化性也較大，可搭其它配料製作成宴席中的精緻菜式。

桌（pān-toh，設宴、酒席，指外燴者到家裡掌廚，準備酒菜宴客），鹹、甜米糕便常被用來作為席間點心，當時以雞酒米糕、鴛鴦米糕，[39] 或配料豐富大氣的八寶甜米糕為主，[40] 到民國7、80年代，隨著冷藏運輸設備的普及，宴席間海鮮也逐漸普遍，

39　參考陳貴鳳、黃穗華，〈呷飽、呷好、呷巧、呷健康—臺灣辦桌菜單品項演變之研究〉，《餐旅暨觀光》（8：2，2011/06），頁110-112。

40　八寶甜米糕也常作為宴席收尾，其配料豐富，有桂圓、紅棗、李仔鹹等數種蜜餞，讓人甜入心坎，也有喜氣圓滿之意。

開始有鰻魚米糕、紅蟳米糕等，之後，紅蟳米糕甚至成了南部宴席，特別是婚宴中不可或缺的菜式。[41]

　　紅蟳米糕為府城傳統宴席必備的佳餚，以糯米與飽滿鮮美的紅蟳為主烹調而成，不但是米糕類中最精緻的菜式，價格也最為昂貴，是早期富裕人家宴請賓客的的菜餚之一，堪稱「搬得上檯面」的大菜，府城幾家老牌的臺菜餐廳，如阿霞、阿美、欣欣、阿村等餐廳，皆有紅蟳米糕，為宴席上的名菜之一。

41　據說因紅蟳多卵，取其祝賀新人早生貴子、多子多孫。

第三章

府城的中元普度

臺灣習俗農曆 7 月 1 日「開鬼門」，7 月 30 日「關鬼門」，因而通稱 7 月「鬼月」，為祭孤魂野鬼，從 7 月 1 日至 7 月底，各地皆有盛大的普度活動。中元普度是道教「中元節」與佛教「盂蘭盆節」兩者結合的民俗，道教以農曆正月 15 日上元節為天官賜福日，7 月 15 日中元節乃地官赦罪日，10 月 15 日下元節是水官解厄日，於中元為有主先亡、無主孤幽赦罪；而佛教的盂蘭盆會由《盂蘭盆經》目連救母的故事演繹而來，作盂蘭盆普施眾僧，後揉合佛、道兩教信仰，於 7 月 15 日準備豐盛的祭品救度孤魂餓鬼、普度眾生。

圖 1：農曆 7 月為漢人俗稱的「鬼月」，臺灣各地皆有普度活動。

第一節　府城中元普度概況

　　臺灣中元普度習俗流傳已久，此由許多舊志文獻皆見記載，據《臺灣府志》〈歲時〉記載：「中元，人家各祀所出，以楮作錢銀、綺錦焚之，又為畫衣裳雜服，上書菩薩經文，名為經衣，延僧登壇說法，撒物食羹飯，俗謂『普施盂蘭盆會』。」[1]另《臺灣縣志》記載：「七月十五日，浮屠謂地官赦罪之日，各宮廟社里斂金延僧拜懺，是夜搭檯演放燄口，俗所謂『普度』是也。每費至數十餘金。」[2]《安平縣雜記》〈風俗〉載：「七月普度，普祭陰魂。」[3]再如《嘉義管內采訪冊》亦記：「七月十五日，曰『中元』，家家虔備牲醴，或五牲，或三牲，並五味碗菜料、果子、糕粿等物，在大門前普度孤魂，俗曰『拜好兄弟』。」[4]以及《斯未信齋文集》中載：「臺地七月中元節近，向有普度之俗，靡費極多。」[5]可知普度習俗自清朝時期即已形成，普遍見於各地且所費不貲，亦足見民間對於普度重視。

1　清·蔣毓英，《臺灣府志》，（臺北：臺灣銀行經濟研究室，1985），頁105。

2　清·陳文達，《臺灣縣志》，頁64。

3　不著撰人，《安平縣雜記》，頁15。

4　清·不著輯人，《嘉義管內采訪冊》（臺北：臺灣銀行經濟研究室，1959），頁39。

5　清·丁曰健，《治臺必告錄》（臺北：臺灣銀行經濟研究室，1959），頁369。

圖2：7月舉行普度儀式，祭祀孤鬼，鬼有所歸，乃不為厲。

　　而臺灣舊時普度的情景，從早期文獻亦可窺知，如《臺灣雜詠合刻》記載：「沿鄉普度又初秋（普度，自七月初起至月盡止。設壇禮醮、搭臺演劇、結綵張燈，鋪設極盛；豬魚雞鴨等類，積如岡阜）。」[6] 另《臺陽見聞錄》〈時令〉亦載：「臺俗盛行普渡（度），門貼紅箋，大書慶讚中元。家家燈燭輝煌，並結綵燈多至千百，笙歌達旦；名曰『放水燈』。豬、羊、雞、鴨砌成山塔，百盤品、海菜，羅列高臺。無賴之徒，爭相奪食，名曰『搶孤』；費用極侈。自七月初起，至月盡止。」[7] 普度時民間多設壇禮醮，演戲賽會，張燈結綵，於門上貼「慶讚中元」紅箋，並備辦豐富祭品，堆積如山，極其鋪張奢華，還有

6　清・劉家謀等，《臺灣雜詠合刻》（臺北：臺灣銀行經濟研究室，1958），頁67。

7　清・唐贊袞，《臺陽見聞錄（下）》（臺北：臺灣銀行經濟研究室，1958），頁147。

放水燈、搶孤等特殊儀式，連番熱鬧長達一個月，蔚為盛況。

在《安平縣雜記》〈節令〉中則有更詳盡的記載：

七月十五日，各家皆祀祖先。縣憲仍親往北門外致祭屬壇。請城隍神主祭。是日，地官大帝誕。相傳為地官校籍之辰。臺沿漳泉遺俗，作普度盂蘭會，甚形熱鬧。計自七月初一起，先豎燈篙，燈之四面，書「普照陰光」四紅字於其上。徹夜燃燈，家家有之，光耀通衢。至八月初一方罷。各寺廟將作普度，寺僧及首事者數日前先向境內鳩金，沿街或三、五十家為一局，張燈結綵，延僧侶誦經一天。亦有誦經三天者。陳設牲牢、葷素食品、粿粽、糕餅、蕉蔗、鳳梨、龍眼、楊陶等物，至少亦數十盒，盤插少紙旂及小旛幢於其上，書「普度值福」等字。燈牌額曰「慶讚中元」，並陳列花粉、生厚煙絲各樣物件，演唱大小各戲，鑼鼓喧闐。亦有陳設七巧棹及花瓶玩器，供遊人賞玩者。境眾備菜飯、兩壺米膏、麵線、粿粽等小鈷，陳列廟前，俟夜分僧侶登壇演放燄口施拯幽魂後收回。普度之明日，雇優人演戲一檯以謝醮。名曰「壓醮尾」。作普度前夕，必先豎燈篙，放水燈，請大士（大士俗傳觀音菩薩化身），各舖戶皆出明燈一對。董事乘轎，鼓吹前導，僧俗隨後，到各處請水陸幽魂到廟受享。境眾有趁是夕在家中張燈結綵、陳設牲醴粿品、自己作普度者，有另擇一日或演戲或不演戲者，各隨

其便。就城內而論，自七月初一起，至三十日止，普度者相續不絕。舉燒紙一款言之，所燒之紙，有值十金、八金者；至貧之家所燒紙幣，亦值金數角。相習成風，毫無吝惜。[8]

　　文中明言 7 月普度前夕，先豎起普度燈篙，家家戶戶燈火通明，徹夜不息。寺廟於境內鳩金，延聘僧人、道士誦經，羅列豐盛的祭品外，還佈以花瓶玩器等陳設，並由僧侶登壇施放燄口，普度孤魂，祭祀之後，則聘請戲班演戲「壓醮尾」。民眾亦有自己擺設牲醴粿品在家普度，無論富裕或貧窮人家，皆竭力張羅，私毫不吝惜。文中不但可看出臺灣普度祭祀場面的盛重，由普度卻長達一個月，接續舉行，也顯見早年普度的特色。

　　臺灣的普度，一般可分為「私普」與「公普」，私普即民家或商家、團體所舉行的普度，包括家普、街普、社區普度或公司行號等。早期民間於農曆 7 月多會舉行 3 次的祭祀活動，分別為 7 月初 1 鬼門開時祭拜門口「好兄弟」，7 月 15 日中元節時祭拜地官大帝並舉辦中元普度，至 7 月底鬼門關時，再度祭送好兄弟；公普多由地方上的公廟主辦，也稱「廟普」，過去亦有由各境庄社辦理。此外，臺灣部分地區，仍保留「輪

8　不著撰人，《安平縣雜記》，頁 5-6。

圖3：普度公燈主要是照引夜路，方便「好兄弟」行走，通常於夜間點亮，翌日早晨將其熄滅，如此持續一整個7月。（黃文皇／提供）

圖4：中元普度為臺灣民間重要的祭祀活動，至今祭典形式仍十分盛重。

普」的習俗，即是在農曆 7 月時，境內各角頭或廟宇按日進行普度，形成整個月的普度盛會，如昔日鹿港便採分區輪普，[9] 而府城自早也有輪普制度，從 7 月 1 日

圖 5：家家戶戶在各自門前祭祀好兄弟，供拜菜碗、糕餅、水果茶酒等，稱為「拜門口」。

開始，各境輪流普度直至月底，也成為府城普度的一大特色。

一、府城輪普習俗

據《安平縣雜記》〈節令〉記載：「就城內而論，自七月初一起，至三十日止，普度者相續不絕。」推知府城最遲在日治時期以前便形成輪普的習俗，而根據日治時期《臺灣日日新報》〈準備普度〉記：「臺南舊例七月各街。輪日普度。肥腯橫陳。華筵肆設。優伶演劇。僧侶談經。糜費實為不少。然惟三郊為尤盛。十一日為外五條街各行店正普。十四日為鹿耳門

9　參考〈鹿港應否恢復輪流普渡 各方意見不一〉，《中國時報》，1994/08/30，14 版。〈中元普渡一次舉行 鹿港人還不習慣〉，《中國時報》，1994/08/31，14 版。

10

寄普。此外凡屬郊行中。例年於六日輪值普。海安宮酆都縱囚之一日。由組合長勻派各五六字號合為一簽。或當南簽。或當北簽。或當糖簽共備辦牲禮漢席粿品等。分三列祭獻。爭奇鬥勝。無少退讓。改隸後更見踵事增華。雖商況漸為衰敗。而普度依然盛況云。」[10] 以及《臺灣日日新報》〈重新普度〉所載：「臺南市百六七十條街。廟宇五六十間。例年舊例七月。每日二三間廟延僧道。誦經禮懺。備辦牲禮漢席粿品果子等。以普施孤魂。該管數條間店戶居家。亦列物於門前以讚普。本年因是時虎列刺病。或發或息。派出所館內有患是症者。恐於衛生上有碍。警官多禁止之。全市有普度者約三分之一。其餘未普度之廟宇。近日先後重新舉行云。」[11] 大約可知府城的 7 月普度一直延續至日治時期，且更勝從前，各廟依所屬的普度日期輪流舉行，即便該年商況稍差，普度依舊熱絡。

依據文獻紀錄，至少於清末日治之初，臺南的普度便長達月餘，自農曆 7 月 1 日起，每天皆有數座宮廟（或各街、境）舉辦，之所以輪流普度，據府城施家道壇後人施元興[12]表示：「因為早年沒有工廠，冰箱也不普遍，如果大家擠在同一天普度，不但道士難請，也有祭品供應，像是叫工、缺料等問題，

10　〈準備普度〉，《臺灣日日新報》，1908/08/08，4 版。
11　〈重新普度〉，《臺灣日日新報》，1920/12/03，6 版。
12　施元興為府城傳承數代的施家道壇後人，今從事糊紙業。

所以自然形成輪流普度的習俗。」因府城地狹人稠、廟宇為數眾多，若全數集中於特定一日普度，不但市場無法供應大量的祭品，也難以延聘道士或法師，為使祭品的供應以及道士、誦經團等資源可分散提供，因而才形成「輪普」的制度。戰後，民國 52 年（1963）臺灣省政府頒布〈臺灣省改善民間習俗辦法〉之第二條第一款規定：「農曆七月普度統一規定於農曆七月十五日舉行一次」，[13] 雖然受到政府推行「普度統一時間」政策影響，一度只在中元節當天舉行普度拜拜，不過因市場祭品與普度與人力等供需問題，後來又逐漸恢復舊時慣例。[14]

　　目前府城的普度從農曆 7 月 1 日開始，各境公廟輪流舉行，直到 8 月 3 日結束，大抵仍沿舊俗，且仔細觀察，不難發現，府城的輪普不但有先後順序性，隱約還有方向性，如某幾條街或某區域皆集中於某日普度，或按角頭輪普，如 7 月 10 日是永華宮、昆沙宮，18 日是王宮系統，23 日是普濟殿系統，一整個月幾乎不熄火。不過隨著都市化的發展，部分廟宇為配合工商社會的作息節奏，有傾向於提前或延後至假日舉行的趨勢，以方便更多民眾參與，傳統的輪普日期也逐漸被打破，而

13　何鳳嬌編，《臺灣省警務檔案彙編・民俗宗教篇》（臺北：國史館，1996），頁 5-6。

14　劉榮輝，〈府城昔日鬼月普度長達月餘〉，《中華日報》，1999/09/01，23 版。

早年的輪普多以境、角頭為單位舉辦，今則多併入地方公廟，由廟宇主辦。於此，筆者整理府城內外境今日中元普度的日程表如下。

相較於臺灣其他地區的普度通常集中於一天，府城的分區（境）輪普，時間長達一個多月，不但保留傳統舊俗，讓資源得以平均分配；藉由普度儀式讓「好兄弟」盡情享受民間的奉祀，大飽口福，也落實了宗教信仰悲天憫人的精神與意義，而這樣輪普的傳統，也成為足具地方特色的民俗文化。

圖6：現在廟方於舉辦普度前，通常會張貼告示，告知境民。

【府城內外境今日中元普度日程表】

農曆日期	普度區域或宮廟
7/1	三官廟[15]
7/2	六合境馬公廟、油行尾福德爺廟、總爺街（今崇安街，鎮轅境頂土地公廟、總祿境下土地公廟）
7/3	八協境大人廟
7/4	辜婦媽廟、安平城隍廟
7/5	嶺後街
7/6	東門祝三多廟、三郊鎮港海安宮
7/7	
7/8	馬兵營保和宮
7/9	三老爺宮、三協境開基藥王廟、安平港仔尾靈濟殿孤棚祭
7/10	八吉境總趕宮、八吉境樣仔林朝興宮、下太子昆沙宮、柱仔行永華宮、蕃薯崎小南天、七娘境開隆宮[16]
7/11	水仙宮外五條街，包括下南河街（南沙宮）、北勢街（金華府）、外宮後街、杉行街、看西街）、臨安堂
7/12	五靈堂、清水寺、市仔頭福隆宮、頂大道祀典興濟宮
7/13	祀典武廟（關帝廟內六條街）、東門龍山寺、鹽埕北極殿
7/14	水仙宮、三郊營仔腳朝興宮溫陵媽廟、開山王（延平郡王祠）、東門龍山殿
7/15	府城隍廟、廣慈院、大埔街福德祠、佛頭港景福祠、下林建安宮、安平西龍殿、臨水夫人廟、二府口福安宮
7/16	東門彌陀寺、東門聖公廟、東門龍泉井、仁厚境福德祠
7/17	元會境（民權路青年路口至東嶽殿前）、安海街、開元寺
7/18	大上帝（北極殿）、金安宮、南廠四角頭（尊王公壇、池王壇、天池壇、廣州宮、武英殿）、水門宮、保安宮、關帝港開基武廟

15　三界壇的普度併入三官廟，戰後改為農曆 7 月 15 日普度，民國 108 年（2019）恢復舊慣，於 7 月 1 日普度。

16　七娘境開隆宮原於農曆 7 月 5 日普度，96 年改為農曆 7 月 10 日。

農曆日期	普度區域或宮廟
7/19	大銃街元和宮、小媽祖（水仔尾開基天后宮）、帆寮港佛祖廟（慈蔭亭）、神農殿
7/20	米街、廣安宮、萬福庵、下大道良皇宮、小上帝開基靈佑宮、正德堂、安平囝仔宮社（妙壽宮）、小南城隍廟、竹溪寺
7/21	外新街、牛磨後（神興宮）、安平海頭社全境普度（金龍殿、文朱殿、文龍殿等）、安平廣濟宮
7/22	頂太子沙淘宮、延平郡王祠、八吉境關帝廳、媽祖樓天后宮
7/23	普濟殿七角頭（頂粗糠崎、下頂粗糠崎、牛墟掘、什八洞角、試經口、大廠口、人和街）、善德堂、共善堂[17]、赤崁樓大士殿、鳳山宮
7/24	六興境保西宮、六興境開山宮、鎮渡頭（今南勢街西羅殿、風神廟附近）、三山國王廟、大天后宮
7/25	米街忠澤堂
7/26	銀同祖廟、天公埕（天壇）、正覺寺
7/27	佛頭港崇福宮、觀音講寺、厲王文安宮（每年農曆7月最後一個週日）
7/28	八協境東嶽殿、安平灰窯尾社（弘濟宮）
7/29	四鯤鯓龍山寺、縣城隍、南廠王宮東、大觀音亭（盂蘭盆會，於7月最後一日舉行）
8/1	陰陽公（公園路）
8/2	開基玉皇宮、全臺首邑縣城隍廟
8/3	老古石集福宮
8/4	山埔頭糖安宮
8/12	草寮後菱州宮

資料來源：

1. 劉榮輝，〈昔日普度日程表〉，《中華日報》，1999/09/01，23版。（普度日程表由郭堯山／提供）

2. 洪瑩發，〈臺南府城與安平中元普度儀式與祭品〉，《民俗與文化》5（臺北：博陽文化，2008/12），頁81-88。

17　共善堂早年普度為農曆7月12日，後改為7月23日。

圖 7：府城的輪普有大致的方向性，如小媽祖廟（水仔尾開基天后宮）、大銃街元和宮、帆寮港佛祖廟（慈蔭亭）皆於同一天普度。

3. 黃銅山、黃太郎口述
4. 筆者田調（以 2018、2019 年調查為主）
5. 部分廟宇仍有日期異動情形，如三官廟、五帝廟戰後改為農曆 7 月 15 日普度，民國 108 年（2019）恢復舊慣，分別於 7 月 1 日與 7 月 17 日普度。

二、市場普度（菜市仔普）

市場是攤商聯合聚集做生意之處，攤商們為祈求平安順遂、生意興隆，多半也會舉行普度，稱作「菜市仔普」或「市仔普」。由於農曆 7 月期間，府城各處宮廟、家家戶戶舉辦普度，民眾紛紛湧入傳統市場採購祭祀用品，市場正值旺季，等到 7 月的繁忙告一段落，攤商才比較有空閒，因此，不少市場會於農曆 8 月時才舉行普度。至於日期，則多於農曆 16 日，因隔日（17 日）正好為各大市場休市時間，也使攤商得以在忙完普度後稍事喘息一天。

圖 8：為供應普度時所需祭品，多數市場會於農曆 7 月中過後，甚至 8 月才舉行普度。（陳桂蘭／提供）

　　市仔普由各市的場攤商們聯合發起，規模依各市場而異，畢竟是一年一度盛事，因此祭品通常都相當「豐沛」（phong-phài），場面熱鬧。部分市場還以樓層或類型（如魚類、肉類、菜類、雜貨類……）區分，各類攤商自成一個香爐，各別祭祀；亦有由市場自治會或攤商們集資購買祭品，統一舉辦。祭祀時，有的市場直接於各自的攤位上擺上祭品，亦有市場是搭棚另備供桌擺放祭品，慎重其事者還會延聘道士，設壇誦經，全體攤商再一起祝禱。而部分有輪祀神明的市場，也會請神明「鑒普」，並於普度後擲筊選出下任爐主；此外，規模較具的市場，如怡安果菜市場，舉辦普度場面浩大，還會請在地宮廟的神明坐鎮「鑒普」。

圖9：大東市場的普度由夜市與假日攤商共同舉行，場面盛大。

圖10：市仔普規模不一，部分市場還依販售類項分別舉辦。（陳桂蘭／提供）

原臺南市市場普度日期——以 2018 年為例

農曆日期	市場
7/12	和順市場
7/15	沙卡里巴市場
7/16	金華市場、本淵寮市場、東菜市、虎尾寮市場
7/17	復興市場、文華市場、第一小康市場
7/20	土城市場、西門市場、[18] 西門淺草市場、安平市場
7/23	延平市場
8/2	果菜市場
8/10	鴨母寮市場
8/12	永樂市場、友愛市場
8/16	水仙宮市場、崇德市場、保安市場、開元市場

資料來源：臺南市市場處提供、黃銅山、黃太郎。

現在部分市場的普度日期，每年會稍有異動，如據筆者調查，民國 108 年（2019）金華市場於 7 月 15 日普度；西門市場、西門淺草市場於 7 月 22 日普度。

圖11：日治時期市場普度的情形，於《臺灣日日新報》中可見記載。（資料來源：1914/09/24、1929/09/17《臺灣日日新報》。）

18　西門市場原於農曆 8 月普度，此據日昭和 4 年（1929）9 月 17 日《臺灣日日新報》4 版〈臺南西市普度〉報導：「臺南市內西門市場，例以八月，舉盂蘭祭。」，可知舊時西門市場於 8 月普度。

【建醮普度】

除了每年農曆 7 月的普度外，另於廟宇醮典時，也會舉辦普度，據《安平縣雜記》記載：「凡作醮必普度，一切豬羊牲醴酒席菓品米膏鈷肉山之類，均極豐盛。董其事者，有主事、主醮、主壇、主普、三官首、天師首、聖帝首、祈安首、慶成首、信士首等各名目。按其捐緣之多寡，分次第焉。普度諸物，公設一份，餘均董事各家自己出金備辦。羅列廟前，以物少者為恥。」臺灣各項醮典，在醮祭結束前，一定會舉行普度儀式，府城亦不例外。府城的醮典普度，較特別之處是還有「主普」與「贊普」，主普即是負責該次普度主要儀式，通常多由建醮廟宇擔此重責大任，或由其最好的交陪境廟宇掛主普；此外，與主辦醮典廟宇有交陪的交陪境廟宇，也都會以「贊普」之名協助該次

圖 12：戊戌年八吉境總趕宮祈安建醮普度。

的建醮，一起舉辦普度，以助醮典順利圓滿。普度當天，由廟方、交陪境廟宇或信眾準備豐盛的祭品供「好兄弟」享用，期望好兄弟在飽餐一頓

圖 13：普濟殿丁亥年建醮普度。（洪瑩發／提供。）

後，不會滯留境內作祟，使轄境平安。

第二節　府城中元普度祭品及其意涵

中元普度為年度重要的祭祀活動，祭典多半盛重，祭品更是豐厚繁多。普度中的祭品作為媒介或載體，透過象徵符號向「好兄弟」傳達思想，也藉由祭品達到交換的手段，正如法國人類學家馬歇・牟斯（Marcel Mauss）的《禮物》理論所提，是一種「互惠」（reciprocity）的概念，[19] 簡言之，即透過祭品

19　馬歇・牟斯（Marcel Mauss）提到，在日常生活裡，互惠、人情往來、餽贈等現象，乍看之下是「禮物」，其實卻是「交換」，所有的收送往來都受到三個義務規範，亦即送禮的義務、收禮的義務，以及回禮的義務，一

圖 14：以豐盛的祭品敬供好兄弟，如同一種互惠與交換，使好兄弟不致作祟，民間得享安寧。

安撫、討好甚至賄賂好兄弟，使好兄弟不致作祟，民間得享安寧，再年年如此形成一種互惠的交換循環。

　　普度祭品琳瑯滿目，除食物外，還包括日常用品、遊樂用具，吃喝玩樂無不周全，各類祭品的意涵大致分述如下。

一、日常用品

　　包括牙膏、牙刷、漱口杯、毛巾、香皂、梳子、鏡子等盥

言以蔽之：「天下沒有白拿的禮物」。而供品（offering）可說是「人神交換的禮物」，人對神靈的送禮即為收買神意、祈求日後神靈賜福。（參考牟斯（Marcel Mauss）著，汪珍宜、何翠萍譯，《禮物：舊社會中交換形式與功能》，臺北：遠流，1989。）

圖15：普度場中通常有紙糊的男堂女室或沐浴亭等盥洗空間。

圖16：臉盆、毛巾，讓風塵僕僕、遠道而來的好兄弟能梳洗一番。

圖17：梳妝用具讓好兄弟妝扮儀容。

圖18：撲克牌、棋子、四色牌等博弈或遊具提供好兄弟休閒並排遣寂寞。

圖19：部分普度場還會專為孩童設「囡仔普」區。

洗用品，胭脂口紅、香粉、香水等化妝用品，以及針線等縫補用具，主要提供好兄弟梳洗以及妝扮儀容。

二、遊樂用具

提供好兄弟們休閒的器物，希望好兄弟們在飽餐後也能進行娛樂，如麻將、四色牌等賭具，或撲克牌、跳棋、象棋、漫畫書等休閒娛樂用品，部分普度場還會準備兒童玩具，或專設「囝仔普」，擺放兒童的衣物、喜好的零食與玩具。

三、食物類祭品

普度場中大部分皆為食物類祭品，可說是包羅萬象，從山珍海味、牲醴、熟食、糕餅粿粽、水果茶酒到各類零食無一不備，內容物多依各主辦廟宇而異，不過，大致上仍會包括下列祭品。

1. 山珍海味：即薑（象徵山）、鹽（象徵海）、糖、豆（紅豆或黃豆）。
2. 十二菜碗：是指未經煮過的素料，以小碗盛裝，故名「菜碗」。一

圖 20：較大規模的普度場才可見這類的薑山。

圖 21：十二菜碗又稱「六乾」、「六濕」，內容與組合頗為多樣。

般為 12 種齋料，稱「十二菜碗」，並依屬性分成「乾」、「濕」兩類，木耳、冬粉、香菇、金針、紫菜或海帶，稱「六濕」，而「六乾」則以早期取得不易或較珍貴的糖果餅乾為主，包括麻粩、米粩、龜仔餅、雞只餅、鳳片糕、菜燕等。[20]

3. 茶酒素果：茶酒水果是普遍常見的祭品，無論祭祀神佛、祖先或鬼魂都必備。另以各種水果（如鳳梨、香蕉、蘋果、橘子等），任選 4 樣為「四果」，任選 5 樣為「五果」為祭。

4. 牲醴：自古祭祀儀式中必須供以牲醴，一般以三牲或五牲居多，由豬、雞、鴨、魚、蝦組成五牲，或從五牲中任選 3 種（以豬、雞、魚為最普遍）所組成三牲，屬於祭祀大禮，另準備生的豬隻（全豬）祭祀。過去奉獻生的全豬為祭祀

20　此為臺南常見的的「六乾」，此外也有用圓餅、三色糖、羊羹等小點心類替代其中幾樣，按各地各廟不一，但內容大同小異。

圖22：茶酒水果是祭祀必備祭品，有主家巧思利用水果妝點，增加普度的氣勢。

天公的大禮，漢人因為對於神明及上天的崇敬，因此採用
生且較完整的牲體，有表至高無上的敬畏以及全心全意的
奉獻，而對於祖先或亡魂鬼魅則以全熟且經切塊的的食物
來祭拜，如此透過生熟、形體完整與較不全整的祭品來顯
示出祭拜者與祭拜對象的關係疏近。[21] 不過，普度時的祭
品卻不受這樣「生與熟」、「完整與不全」的觀念限制，
許多普度場合也出現生的全豬，以最大禮敬獻，來表示對
祭典與儀式的慎重。[22]

21　李亦園，《信仰與文化》（臺北：巨流，1978），頁 125-132。
22　部分參考洪瑩發，〈臺南府城與安平中元普度儀式與祭品〉，《民俗與文
　　化》第 5 期，頁 68-69。

圖 23：現在許多普度場也敬獻全豬，以表示對儀式的隆重。

圖 24：安平地區常見以香腸製成的香腸豬。

5.　熟食菜飯即由熟食菜餚組合成 10 至 12 道菜，通常還會準備一鍋煮熟的白飯。較特別的是，普遍少不了蕹菜（空心菜），祭祀蕹菜湯的說法紛紜，民間有說蕹菜有梗無心，意指「無心留客」，人鬼疏途，希望好兄弟飽餐後盡快離開，不用費心逗留。亦有一說，因空心菜韌性高、不易斷裂，所以當好兄弟要將普度祭品帶走時，能以空心菜作為綑綁的繩索；也有民眾認為肢體殘缺的孤魂野鬼可能沒有頭髮，而空心菜可變化成好兄弟的頭髮，或作為食道等器官之用，讓好兄弟有完整的形體，[23] 此說乃是以祭品的形狀類比，以祭品的特徵來象徵孤魂野鬼所需要的器物。[24] 另有說空心菜為水生植物，又為水煮方式料理，自然屬於冷性食物，最適合 7 月燠熱的季節以及好兄弟的燥熱形象，反映出民間追求個體內在實質和諧的養生觀，同時空心菜性涼，具清熱之效，也正好為好兄弟滅焰口，令其能輕鬆下嚥。[25] 此外，臺語俗諺「做鬼都搶無一碗蕹菜湯通好啉（lim，飲、喝）」，[26] 從其典故也可解釋何以要以空

23　洪瑩發，〈臺南府城與安平中元普度儀式與祭品〉，《民俗與文化》第 5 期，頁 68-69。

24　謝貴文，〈從中元普度祭品看民間的飲食文化與養生觀念〉，《高雄民間信仰與傳說故事論集》，頁 86-87。

25　另參考謝貴文，〈從中元普度祭品看民間的飲食文化與養生觀念〉，《高雄民間信仰與傳說故事論集》，頁 93。

26　此句俗諺有諷刺人「跤手慢鈍」（動作慢），連做鬼都搶不到祭品之意。

心菜為祭，7月許多無祀孤魂被放出鬼門，通常會先搶食民間好的祭品，為免手腳慢的好兄弟搶不到祭品，故準備較廉價的空心菜，讓慢半拍的餓鬼也能吃得到食物，而這也是民間對孤魂的慈悲與憐憫。祭祀時，有將薤菜切段煮湯，或不切直接放入清水中，亦有將整把的薤菜與白米放在一起。

6. 看桌：看桌常見於普度場合，為具有觀賞價值的祭品，多以雞鴨、豬肉、蔬果為材料，或以麵粉、糯米粉加染料，雕刻或捏造成各種珍奇異獸、魚介水族、山水花卉、人物、歷史故事等主題造型，以供欣賞。亦有以其他生活器物，如盆栽、花瓶等組合布置成看桌，由於各異其趣且極富巧思，為普度場中十分具可看性的一區。

25

圖 25：空心菜有象徵性與隱喻意涵，幾乎是普度場合中必備的蔬菜。

圖 26：安平地區將便菜碗置於筵仔中，當地人又稱筵仔普度碗。

圖 27：普度時的熟食菜飯，亦有類似宴席桌菜的形式。

圖 28：造型多樣的看桌，各異其趣，常是普度場中最有看頭的一區。

7. 普度碗：包括廟方或民眾準備的各類祭品，如糕餅粿粽、牲醴、乾料等，過去多以傳統糕點、粿類等為主，通常會盛裝於一個個碗或大盆內，並逐一插上書寫有敬獻者姓名的「普度旗」。近幾十年，隨著社會變遷，講求便利，加以怕天氣炎熱導致食物腐敗，多以各類罐頭、泡麵或零食餅乾等便於保存的食品替代。不過，府城內普度，仍少不了寓意吉祥的甜粿（高升）、鹹粿（好彩頭）、發粿（發財）、紅龜（福壽）、紅圓（圓滿）、鳳片、糕仔，以及佛手、佛包、以及米糕栫（餞）、三色粿等。其中，糕仔除有祈求高升之意，更因好保存、耐久放，據說方便讓好兄弟帶上路，因此於普度中大量被使用。而佛手、佛包、三色粿僅見於普度場合，米糕栫（餞）則為府城特有之祭品。[27]

(1) 佛手、佛包：為外觀像一隻手狀的麵皮糕點，常見於佛教施放焰口的場合，如同佛祖伸出援手，接引好兄弟往西方，希望好兄弟在佛祖牽引下得到救贖，超脫苦難，道長或法師在施食時常會拋出給民眾食用，據說吃了可保平安；而「佛包」內包紅豆餡，則希望讓

---

27 張耘書，《臺南府城餅舖誌》（臺南：臺南市政府文化局，2018），頁 84-85。

圖 29：甜粿、發粿、鹹粿皆具吉祥意涵，也是普度時常見的祭品。

好兄弟能吃甜甜。[28]

(2) 米糕栫（餞）：由甜糯米填壓製成六角條柱狀的糕點，
因需特別製作，因此平時甚少食用，僅在普度或建醮

---

28 訪談舊來發餅舖。（2017.03.15）

圖 30：普度時少不了各類糕仔點心。

圖 31：普度祭品上插上的「普度旗」。

　　時才會準備，以示誠意與隆重，而米糕栫（餞）一柱
　　柱的矗立，民間俗信也有步步高升之意。

(3)　三色粿：是由「毛呼、必桃、紅圓（或雙連龜）」3
　　種糕點組成。[29]「毛呼」（môo-honn，或作「毛齁」、
　　「摩訶」等），又稱必粿，是閩南傳統的粿點，其外
　　形與發粿十分相似，上方有環狀裂痕，有如像蓮花的

29　據傳舊時是由「毛呼、必桃、滿州桃」組成。（金義珍餅舖黃福成口述，
　　轉引自黃婉玲，《尋找臺灣古早味：讓人難忘的 36 種絕妙好滋味》（臺北：
　　樂果文化，2010），頁 225。）

圖 32：佛手有引渡之意，希望好兄弟在佛祖牽引下得到救贖，超脫苦難。

圖 33：佛包最明顯的特徵便是外觀上印的「佛」字。

圖 34：米糕栫（餞）過去僅見於普度場合，為普度必備祭品。

花瓣。因為「毛呼」與佛教用語（梵語 mahā）的音同，亦有可能為佛教用語之譯音，為具有宗教意涵的祭品之一。由於毛呼僅見於中元普度用以祭祀好兄弟，因此也稱呼為「鬼仔粿」。必桃為外形似一顆裂開的桃子，帶有桃紅麵皮的粿品。「必」是否為「裂開」之意，又必桃的由來為何，經訪談多家傳統餅舖仍未有明確的解釋，然或因「桃」有祝壽之意，因此有一說是引申為替好兄弟祝壽的用意。[30]

8. 糖塔：糖塔是以白糖漿灌模，再經脫模所製作成的塔狀祭品，舊時多見於拜天公、神明會祭祀或建醮慶典，也有用於長者壽辰時作為賀壽，或民間嫁娶時亦有以龍鳳糖塔作嫁妝，以表甜蜜富貴，皆為示隆重而敬獻的祭品或賀禮。糖塔最普遍的造形為塔，另與其他如龍、鳳、獅、象、麒麟、豹、

圖 35：三色粿是由毛呼、必桃、紅圓組成，常見於普度場合。（舊來發餅舖／提供）

---

30 王麗菡，〈供桌上的禮物：臺灣特殊食物祭品──以臺南府城為討論中心〉（臺南：國立臺南大學臺灣文化研究所，2013），頁 79。

獅、雞等吉祥動物形狀的糖塔相互搭配，成組出現，數量皆為單數，以3座、5座為最普遍，稱為「三狩（獸）」、「五狩（獸）」或「三秀」、「五秀」，亦有七狩（獸）之組合，但十分少見。一般於普渡時多以單塔配兩獸為「三狩」，搭配四獸稱「五狩」。[31]

9. 薦盒：薦盒（亦稱作「餞盒」）是祭祀中常見的供品，舊時蜜餞是十分珍貴的糖品，所以在祭祀神明時擺上插滿蜜餞糖串的薦盒，以示對神明的虔敬，後也見於普度場合，今多以紅白綠的三色糖串或其他糖品取代蜜餞。[32]

10. 盞品：是將各類祭祀的物品（如糕仔、壽包等）高高堆疊，讓位於很遠之處的鬼神都可看見，前來接受饗宴。[33]

11. 甘蔗、龍眼、芋頭：甘蔗有節，象徵步步高升，也可當作好兄弟帶走祭品的扁擔。龍眼外形飽滿，又稱「福圓」，除有招來福氣之意，據民間傳說，龍眼剝開後剩下的殼可以變化成好兄弟們將祭品盛裝帶走的籃子；此外也有民眾認為，因為一些死於非命的孤魂可能肢體殘缺而沒有頭顱，故圓形的龍眼可以幻化成好兄弟們的頭顱。[34] 而芋頭

---

31 張耘書，《臺南府城餅舖誌》，頁 131-132。
32 張耘書，《臺南府城餅舖誌》，頁 134。
33 張耘書，《臺南府城餅舖誌》，頁 85。
34 洪瑩發，〈臺南府城與安平中元普度儀式與祭品〉，《民俗與文化》第 5 期，頁 68。

圖 36：糖塔於祭祀天公、神誕日或建醮慶典時為表隆重的大禮。

圖 37：舊時薦盒插滿蜜餞糖串，以示對神明的虔敬，今多以軟糖替代。

圖 38：盞品堆疊如一座塔般，如佛教經典中的浮屠；將其疊高，也希望好兄弟得以看見。

易繁殖，隱喻多子多孫外，閩南語中「芋」（ōo）與「頭路」（thâu-lōo）音近，俗諺「食芋有好頭路」，故被認為有祈求「好頭路」之意涵，更是臺南地區普度常見的供品之一，有整顆放置一籃或一盆，或做成芋頭甜湯、芋頭粿等。而以甘蔗、龍眼、芋頭等物品為祭，也都是透過形狀、屬性或諧音的類比，來滿足人們的理想與渴望，同時兼顧好兄弟的需求。[35]

12. 檳榔、香菸：檳榔、香菸等嗜好物，常被用來作為應酬與分享的物品，如《嘉義管內采訪冊》記載：「凡有客來往，先以檳榔為先，次以茶。」[36]，而《淡水廳志》也提到檳榔「每詣人多獻之為敬」[37] 可知檳榔除了一般所熟知的用於平埔族祭儀外，也普遍被用作建立人際關係，同樣的，香菸亦是早期社交應酬之物，故被用於祭祀好兄弟，有招待之意。此外，檳榔與香菸常出現在民間祭祀陰神（如有應公）的場合，7 月普度主要對象為無主孤魂，因此準備這兩種祭品。而檳榔與香菸其實也有將現實社會的形象，投射在另一個世界之上，因此二物常被視作某一種社會階

35 　參考謝貴文，〈從中元普度祭品看民間的飲食文化與養生觀念〉，《高雄民間信仰與傳說故事論集》，頁 85-89。

36 　清・不著輯人，《嘉義管內采訪冊》，頁 43。

37 　清・陳培桂，《淡水廳志》，頁 299。

圖 39：甘蔗象徵高升，也可當作好兄弟帶走祭品的扁擔。

圖 40：芋頭象徵子孫繁衍，又有「好頭路」之寓意，在臺南地區的普度場常可見到。

圖 41：龍眼是普度桌上必備祭品，象徵好兄弟的包袱，可將祭品帶回去享用。

圖 42：菸、酒、檳榔等嗜好物，在人類社會常被用來款待朋友，亦反映在普度的祭品上。

層的形象，尤其是所謂的「兄弟」，必須要孝敬檳榔、香菸、酒等才不會來鬧事，同理，以檳榔、香菸等祭祀孤魂野鬼，也希望「好兄弟」於普度期間不要滋事。[38]

38　參考謝貴文，〈從中元普度祭品看民間的飲食文化與養生觀念〉，《高雄民間信仰與傳說故事論集》，頁 85-89。

第三節　米糕栫（餞）與府城普度

　　米糕栫（餞）為普度必備祭品，然而最初僅出現在臺南府城，推論應與原料產地有關。眾所周知，嘉南平原自早便是稻米的主要種植地，日治時期因嘉南大圳的灌溉，水田大幅增加，稻獲量亦提升，更使嘉南平原一躍成為臺灣最大的米倉，臺南自早也是米穀加工集散地，如早年府城內就有石舂臼、米街、粗糠崎等許多與米相關的地名；而臺灣製糖始自荷治時期，歷經明鄭、清領時期的經營，到清光緒年間所做的調查，全臺 1,200 多座糖廍中，有高達八成位於臺南，此從今日臺南仍留下許多與製糖相關的地名，如後廍、舊廍、寮子廍等亦可得知，日治時期隨著日人引進新式糖廠發展製糖工業，糖業更加蓬勃興盛，成為當時臺灣重要的產業。或因臺南一帶自早便是米、糖等經濟作物的大宗與原始產地，加上城內又有糖郊、糖商與製糖的糖間，米倉、糖倉所帶來的原料取得便利性以及成本優勢，使得臺南府城有製作發展米食與糕餅點心的絕佳條件。而糯米是五穀中黏度最高，加上砂糖熬煮成糖漿後亦帶黏稠性，結合二者加成，能夠穩固塑形成可食用又具可看性的米糕栫（餞）。

　　此外，早年物資不豐，以糯米與糖製成的米糕栫（餞），因食材較為珍貴，非一般偏鄉百姓或信眾所能輕易負擔，而府

城曾是臺灣的政經中心，不乏富商巨賈與世家大族，為當時首善之都、富庶之地，相對而言也才有能力去製作米糕栫（餞）。民間普度一年一度，建醮普度更是數年才舉辦一次，有能者或信徒莫不在此時備辦豐盛祭品，尤其宮廟的值年爐主與頭家，多以擲筊方式請示神意擇選，獲選者通常倍感殊榮，也藉此難得的機會展現自己的虔誠與財力，甚至會在祭品上巧用心思，相互較勁。早年的祭品不若今日五花八門、種類繁多，米糕栫（餞）因食材黏稠的特性，能夠在普度時動輒數十斤以至百斤的製作，且高聳矗立受人矚目，是普度場中很直觀性的物品，自然成為信徒、主事者互別苗頭或宮廟營造普度場氣勢的祭品，並以此競比實力，甚至蔚成風氣，因此早年民間才有栫（餞）桶愈高象徵祭品愈「豐沛」（phong-phài）、「普度看場面，就看米糕栫（餞）」之說，米糕栫（餞）數量愈多表示主家愈大器，也愈彰顯面子，甚至有以其來評比論定普度規模。時至今日，普度競賽的氛圍亦然，如現今於普度場中常可見到鮑魚、龍蝦等高級食材的普度筵、高價洋酒，或精緻美觀的看牲看桌，以至各種古董古玩等，皆為普度場中常見的競比現象。

再者，米糕栫（餞）除了做為普度敬供的祭品外，由於是為表隆重的大禮，因此於祭祀過後，也成為廟方或敬獻者等用來致贈給信徒的物品，常於儀式後煮成米糕粥分給信徒食用，

或分贈給信徒一人一份（塊），如此分食或餽贈，除象徵庇佑平安外，其背後更隱含了人際交陪與人情流動，反映出宮廟與信徒、爐主與信眾間的關係與連結，成為普度祭典中社交情誼的載體。

第四章

普濟殿前黃家米糕栶

第一節　歷史沿革

地　　址：臺南市中西區普濟街 84 號

電　　話：06-2281992 ／ 0912126047

啟業年代：約日治時期（1918 以前）[1]

傳承表：

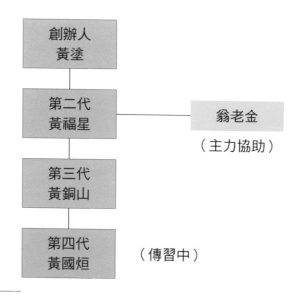

1　據日治時期大正 7 年（1918）8 月 30 日《臺灣日日新報》〈赤崁短訊　迷信之言〉記載，當時文中便有提到「米羔淺」，可知最遲至大正 7 年（1918）米糕栶（餞）便已於普度場合中所使用。

家族共業，普濟殿前黃家米糕栫奠定根基

普濟殿前黃家米糕栫目前可追溯的第一代黃塗（1882-1961），為粿類製造商，平日製作碗粿維生，逢年過節再做甜粿、鹹粿、紅龜粿等米類應景食品販售。因專營粿類製作，生產量多，據黃家米糕栫第 3 代黃銅山口述：「早年平常日裡挨米（e-bí，磨米）還是專門請人回家裡來挨，跟我們『割貨』（kuah-huè/kuah-hè，批貨）的人很多⋯⋯。」可知當時銷量頗大，宛如大盤，黃塗因而還有「賣粿塗」之稱。

黃塗因經營米食炊粿生意，後來也製作米糕栫，應是府城最早的米糕栫業者。據黃銅山表示，米糕栫製作技藝最初由何而來已不得而知，而根據黃俊文〈府城「黃家米糕栫」：臺南民俗類無形文化資產〉一文所述：「府城普濟殿前米糕栫創始者是黃塗先生。黃

圖 1：普濟殿前黃家米糕栫第 1 代黃塗。（黃銅山／提供。）

家世居普濟殿前，他在清末、年青時前往廈門拜師學藝，研習米糕栫製造方法，歷經數載，得其精華，引進府城，並加以改良，獨創家傳之學，成為臺南特有祭品、點心。」[2]黃俊文於文中並提到曾查閱廈門、閩南地方史地有關飲食、民俗文化的記載皆闕如，推斷米糕栫可能是民間社會特有家傳技藝或偏方，因而欠缺記載。[3]然而，經訪談黃銅山，其表示當初祖父從事碗粿生意，經常赴廈門批貨瓷碗，究竟是否在貿易期間習得技藝，將技術帶回臺灣，亦或應祭祀需求而自創或改良而來，目前尚未有定論；且經筆者查閱相關文獻，廈門一帶也未有此技藝或食品，因此，黃家米糕栫技藝習自廈門之說，仍有待更進一步考證。

　　黃家世居普濟殿旁，黃塗平日熱衷廟務，[4]地方關係與人際互動頗好，加上勤勉拓展，所製的米糕栫甜而不膩，口感獨特風味極佳，因此頗受好評，除是廟會普度的祭品外，也是一般民眾心中難得的美味甜點，米糕栫的訂單因而得以持續。黃塗生育 6 子，除了長子與早逝的第四子，以及從事木工業的六子黃全成外；其餘皆曾學習米食製作或從事相關行業，其中，

2　黃俊文，〈府城「黃家米糕栫」：臺南民俗類無形文化資產〉，頁 106。
3　同上註。
4　當時黃塗曾任普濟殿七角頭總代（參考日昭和 8 年（1933）4 月 29 日《臺南新報》〈迎媽祖〉）。

二子黃連於赤崁樓康樂臺處[5]販賣米糕、甜芋；三子黃福來後來承接黃塗的炊粿生意，其去世後，由妻兒接續經營一段時間，目前已歇業；而五子黃福星不僅熟悉米糕栫製程，更常陪同黃塗出外洽談，協助打理生意。

　　據黃銅山回憶，早年每到農曆 6、7 月間米糕栫旺季時，便得動員全家族一起製作，祖父與叔伯們分別燒柴、看顧爐灶、箍栫桶、炊米煮糖……，各司其職，自己與堂兄弟於放學後則幫忙洗曬栫板，一家和樂地操持工作，偶爾忙不過來時，甚至還會央請鄰人幫忙。民國 50 年（1961）黃塗去世後，黃家兄弟平日雖各自忙於工作，但每逢 6 至 8 月旺季，仍會返回幫忙，可謂家族共同奠定起黃家米糕栫的基礎。

從兼營製作到專業經營，聞名府城

　　普濟殿前黃家米糕栫第 2 代黃福星（1919-1998）見聞習染，小學畢業後便開始跟著父親跑安平碼頭送貨。早年米糕栫雖多由廟方前來訂購，但對於訂製量較大的主力客戶，或逢廟宇主事者有異動時，仍不時需親自前往拜訪，以確保生意的穩定。由於黃福星個性勤奮耿直，成年後，父親黃塗便常偕他

5　位於舊時赤崁樓前空地，由日治時期最後一任官派市長羽鳥又男設置，原作為戰時疏散民眾之場地。戰後轉為「赤崁康樂臺」，供市民舉辦康樂活動，因此攤販聚集。

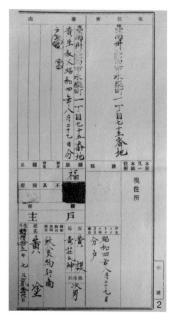

圖2：從日治時期戶籍登記可看出黃塗為飲食物行商。

圖3：黃塗熱衷廟務，圖為舊時普濟殿建醮典禮，參與人員（畫圈者為黃塗）合影照。（黃銅山／提供。）

圖4：日大正12年所立之〈普濟殿重興碑記〉上可見「黃塗五拾元」捐款紀錄。

圖5：普濟殿創建甚早，昔日緊鄰舊城垣，過客絡繹，今日附近依舊熙來攘往。

外出接洽生意。黃福星年輕時在「九棧樓仔」[6]對面的竹行擔任竹業師傅,原本平日裡製作竹椅、竹床等生活器物,僅在米糕栫訂單量大時才回家幫忙,在黃塗過世後,黃福星因熟諳米糕栫的經營與製作,理所當然的便承接起家裡的米糕栫生意。[7]

圖6:普濟殿前黃家米糕栫第2代黃福星。(黃銅山/提供)

米糕栫為特定節日裡的食品,多用於農曆7月普度或祭祀場合,儘管在旺季時需求量大,但因當時府城內亦有其他業者,如「南興號」[8]、「振香居」[9]等老字號餅舖也承製,加上淡、旺季之間生意的落差,收入難以恆定。起初為維持生計,黃福星平日於普濟街口附近一帶販售醬料,逢旺季才做米糕栫,直到米糕栫生意漸上軌道,銷量足以養活一家大小,約

---

6 位於中正路上原合作大樓,今已拆。

7 訪談普濟殿前黃家米糕栫第3代負責人黃銅山。

8 「南興號」啟業於日治時期,最初位於西門町五丁目,為早年府城專營批發的餅舖,後更名為「永南興餅舖」,今於店面位於聖南街,並於保安宮市場設攤販售。

9 「振香居」位於水仙宮市場附近,今已歇業。

民國 60 年前後才專職製作米糕栫。「早年的祭品不像今日種類這麼多，琳瑯滿目。米糕栫是普度時候的必備祭品，加上平日神明生時的米糕栫、米糕龜，客源漸漸固定，後來我父親就專做米糕栫了。」民國 70 幾年，臺灣經濟快速起飛，景氣正值高峰，不僅歲時年節、婚喪喜慶民眾講求排場體面，尤其民間廟會盛行，神誕或祭祀場面更是盛大，普度或醮典裡必備的米糕栫需求量也倍增，「當時量太少、小支的或太晚來訂的，幾乎都無法接！」仰賴父親的奠基，加上黃福星專心一志的製作，精益求精外，也親力親為的載送，黃家米糕栫逐漸在市場中站穩腳步，不僅邁向專業經營，更踩著浪頭，順勢而起，以好手藝聞名府城。

信仰與廟會撐起一片天，普度看場面，米糕栫是關鍵

最早黃家米糕栫除供應廟宇建醮或普度，由於米糕栫好攜帶、不易腐壞且又有飽足感，也是往來商旅最佳的乾糧，因此一度幾乎每天開爐製作，平均一年總要製作好幾萬斤。尤其到了農曆 7 月普度，常可見 1、2 公尺高，重達 1、2 百斤的大型米糕栫矗立在府城各大廟埕。因為米糕栫是舊時普度必備的祭祀大禮，過去栫桶愈高象徵祭品愈「豐沛」（phong-phài，豐盛），「以前我們都做大支的，那時經濟、景氣都好，當時還有內有雕花的栫板，做出來的米糕栫更是華麗氣派。」米糕

栲數量愈多表示主家愈大器，也愈彰顯面子，因此普度規模甚
至有以米糕栲的大小與數量多寡而論。在黃福星接手經營的年
代，普度期間動輒製作8、9尺高的米糕栲幾乎是常態，在送
到廟埕時還以米糕栲專屬的鐵架架起，一字排開，「那場面真
的很壯觀！」當時，不僅締造出黃家米糕栲一度榮景，也營造
了普度場的磅礡氣勢。而早年每到農曆6月，訂單便陸續湧進，
加上府城自古傳下的「輪普」制度，總要忙到8月整個普度結
束。接踵而來的則是年底各廟宇的建醮普度，因此，僅靠下半
年的訂單收入便足以支撐一整年的生活，如此，也是黃家只做

圖7：米糕栲是普度大禮，甚至有以米糕栲的大小與數量多寡來論斷普度規模。
（黃銅山／提供）

米糕栫卻得以維生的關鍵因素。而米糕栫能持續傳承，除了黃福星的堅持，直到臨終前仍孜孜矻矻的操持家業，還有其子黃銅山對米糕栫的一份情感！

薪火相傳，父親一席話接下家業

將熱氣氤氳的熟糯米倒入拌桶，加入煮熟的糖漿攪拌均勻，空氣中瀰漫甜滋滋的米糖香氣，再看著父親將香Q的甜糯米填充、塑形成矗立的米糕栫，是黃銅山兒時最深刻的記憶……。從小耳濡目染，黃銅山對米糕栫的製程並不陌生，成年後即使外出闖蕩，每當家裡忙碌時總會抽空返家幫忙，也成為他經年的例行事項。黃銅山畢業後曾在「三星五金」[10]工作，後來更自創成衣加工廠，一度也經營的有聲有色。黃福星晚年中風初期，當時黃銅山事業正達顛峰，無暇分身打理家業，原本曾一度勸父親將米糕栫生意結束，然而黃福星顧及一來米糕栫在當時仍十分寡占，另方面對於上門的生意，尤其農曆7月旺季客戶上門時的盛情難卻，又不好意思推辭，因此仍邊復健邊從旁發落，指揮一群新市來的師傅製作，黃銅山則在需要外出「開栫」時，暫時停下手邊的生意，幫忙送貨與開栫，如此

10　「三星五金」位於歸仁，成立於1965年，是全球最大的鋼鐵螺帽製造廠，後轉型生產技術層次及附加價值更高的汽車扣件產品，並更名為「三星科技」。

持續了十幾年，黃家米糕栫幾乎不曾中斷。後隨著黃福星身體每況愈下，適逢當時臺灣紡織相關產業的外移潮，成衣業逐漸式微，黃銅山猶記得在面臨產業衝擊，咬牙苦撐時，父親黃福星的一席話當頭棒喝點醒他：「做好米糕栫，不用看人臉色，不用向人拜託，時間一到，人家就上門，無論孩子要吃飯念書或是生活開銷也就不愁了……。」更成為他日後返家繼承的推力。在黃福星逝後，約莫民國 87 年，身為家中獨子的黃銅山毅然地結束工廠生意，正式接手家業。「其實也是一個放不下心，家傳事業若沒有延續下去，也難以交代……。」回想起父親晚年為米糕栫技藝薪傳而憂心，黃銅山語重心長地說！

圖 8：普濟殿前黃家米糕栫第 3 代黃銅山。

獨沽一味，致力開拓新契機，文創點心另闢蹊徑

「早年不僅米糕栫普度、建醮時用量大，農曆 3、4 月逢媽祖、王爺生日，或神明誕辰，米糕龜的市場也很大，訂單很多，後來才愈用愈少⋯⋯。」隨著工商社會發達，祭儀日漸簡化，各類新奇易保存的食品問世，民眾選擇趨向多元，加以包辦普度業者的興起與壟斷，更襲奪傳統糕點在祭祀場合中的地位，米糕栫的身影逐漸消失於常民生活，從黃福星那代能以米糕栫養活全家，令生活不虞匱乏，到了黃銅山這一代僅足以勉強維持生計，真是不可同日而語！面對大環境的變遷與市場的萎縮，黃銅山不諱言的說，一年中有大部分的時間都在度小月，「所幸當時孩子比較大了，沒有太多開銷，生活不是難題，就是吃不飽餓不死。」黃銅山依舊不改樂觀！

而為了養活一家子，在他接手後，不但不敢推辭訂單，有時就連量少或急單也都得承接，另方面則積極思索應變，更仔細考量客戶需求與消費者口味，遵循古法之餘也力圖改良，如為符應現代人的健康飲食觀念，在甜度與口味上做出調整，或為廟會活動客製創新。[11] 近年，在公部門推波助瀾與媒體關注下，黃銅山更進一步推廣並分享米糕栫的文化與好滋味，並與社大友人集思廣益，將米糕栫切成大小適宜的分量，再以真空

11　如民國 105 年（2016）新港奉天宮建醮時，特製古錢款式的米糕栫。

技術包裝，提升米糕栫的衛生、保存與精緻度，同時透過網路宣傳推廣，老滋味不再停駐於傳統，在回眸轉身之際，搖身一變成為文創點心。

超越技藝與味蕾以外的人情味

至今傳承 4 代的黃家米糕栫，幾年前黃銅山從事測量工作的兒子黃國烜也克紹箕裘，開始學習技藝；而米糕栫製作時需要足以容納大型栫板與器具的空間，往昔皆於普濟殿廟埕製作，裊裊炊煙、矗立的栫桶與歷久不散的甜香氣息，早已融為廟埕文化的一部分，但礙於 2016 年當地為興建聖君廟，無處可容米糕栫製作，致使黃家不得不遷離普濟殿，於北區巷弄內另覓場地開啟爐灶……。儘管暫時走過技藝失傳之虞，也化解了場地的危機，然而，再不見師傅們於廟埕前忙碌賣力的身影，也不聞孩童簇擁而上用手指沾著被擠出來的米漿送入嘴裡時的歡聲笑語，黃銅山心裡仍難掩一股失落！

而令他更感觸的是眼見一群遠從新市崙仔頂而來，自早跟著祖父和父親一起打拼，從青絲做到白髮的老師傅們逐漸老邁，「最難得的是那群跟著我們家也做了 3 代的老師傅，每年時間一到，電話一打，如果聽到對方的聲音，我就很欣慰…！」能聽到老師傅們的聲音，表示人安好無恙，對黃銅山而言，就是一份安心，而對那群老師傅而言，每年普度一到，還能來府

圖9：過去傳統的祭品既能上供桌，搖身一變也能成為文創小點心。（李青純／提供）

城打打工兼與老朋友相聚，更是十分期待且值得高興的事，因此總排除萬難、不辭勞苦的前來幫忙，「身體若健康，就繼續來迌迌（tshit-thô）啊！」近年來，面臨師傅們陸續凋零，有能力製作者所剩無幾，不僅讓米糕栫的延續面臨極大的困境，與夥伴間密不可分的情感更讓黃銅山覺得不捨！

　　「米糕栫是份有情感的事業！」誠如黃銅山所說，米糕栫傳承多久，這些夥伴們便合作了多久，從米糖供應商到製作的

師傅們，一概如是。歲月封存了米糕栲的甘甜滋味，也煉出彼此心領神會的默契！米糕栲傳遞的不僅是傳統文化與技藝，更蘊含著深厚的情感與記憶，也正是這份超越技藝與味蕾以外的人情味，才能讓米糕栲歷久不衰！

第二節　製作與器具

　　普濟殿前黃家從製作之初的選材便很謹慎，每一批糯米的特性與黏度都不同，因此對於米的產地與年份格外要求，為求品質穩定，黃家 4 代下來始終維持一貫的米、糖供應商。「工欲善其事，必先利其器」製作使用的工具也絲毫不馬虎，而整個製程更是遵循祖傳古法，不曾變過。

圖 10：一個保存文化的老技藝，背後更蘊含著師傅們深情的老記憶。（李青純／提供）

圖 11：米糕栲與民間信仰的淵源頗深，由於製作時器具與人力龐多，早年皆於廟埕製作，儼然為廟埕文化。（李青純／提供）

一、食材

米糕栫是傳統米食文化的應用，以糯米與糖製作，食材雖簡單，為確保成品的外形與口感，普濟殿前黃家有一套擇選的標準，且如同府城許多老字號飲食業者一般，不僅有固定的食材供應商，更配合長達數十年，非有不可抗拒的因素絕不更換。以糯米為例，自黃塗開始，便向「義順發碾米廠」[12]購米，「自我阿公那代起就跟他阿公買，我爸再跟他爸買，那時候叫米，不用多說，人一到，米馬上就扛出來了，或時間一到，米廠就知道要留什麼米給你！」早年饒富人情味的交易買賣，黃銅山道來喜津津出眉宇間，黃家跟這些米廠、糖商不但彼此信任，幾代下來更建立十足的默契，直到米廠歇業，3 年多前黃銅山才另覓米糧供應商，目前則向「宏元米廠」叫貨。「當供應商更換時也要重新檢視。」黃銅山提到糯米一定得是臺灣在地產的米，除了選擇有信譽的米商購買，確保米的產地與來源外，進貨後還得仔細檢查是否有雜質，而每一季稻穫品質皆不同，因此每一批米都得經過試煮，才能知道好壞，維持米糕栫的穩定度，只要攸關到品質，每一個細節，黃銅山絕不輕易妥協。

12　義順發碾米廠成立於戰後初期，約 1950 年，位於臺南市金華路，為臺南老字號米廠，今已歇業。

（一）糯米

製作米糕栫的米為糯米，且一定要用舊米，「米不能太新，新米炊出來比較軟爛，容易成米糰，不易散開，比較難攪拌，糖也無法入味。」不同的糯米食品，各有其適用的米，如湯圓、麻糬、糕粿等，為帶出Q性，製作時需經過搗爛，所以用黏性強、比較軟勢的粳糯（即圓糯米）；而一般米糕或油飯則用秈糯（長糯米），尤其販售米糕的業者，因需長時間以文火保溫，所以多選舊米，經久燉後仍可保持米粒分明。「還有就是舊米水分已經蒸發一些掉，炊蒸出來的米粒才會比較有黏性。」尤其黃家的米要選舊米，更是為了開栫後的口感紮實，以及確保製作米糕龜時米粒不會過分軟爛，難以塑形。

目前黃家米糕栫的糯米選自臺灣彰化所產的長糯米，米粒細長，色澤粉白、不透明，尤其注重年份，米若太新，炊熟後比較軟爛，容易結成米糰，不但製作時難以攪拌，令糖無法入味，導致成品容易發霉，另方面，以新米製作米糕栫或米龜，口感也不紮實，因此選米尤其注重米的年份，「米的新舊會影響色澤與口感，舊米要放，所以價格上也貴一些。」舊米是指前一年收割儲存的稻米，隨著時間流逝，質地變得比較鬆軟，含水量也不足，消水後比較輕外，還得扣除約 3 至 5% 的耗損率，也因此舊米比新米貴，即便如此，黃家仍堅持用舊米。通常挑選年份 1 年半至 2 年半間，米粒飽滿、大小均勻並帶有光

澤的米。而要做出好的米糕栫，米的新舊與品質是關鍵外，更堅持一定要同種同批的純米，不可混米，「所以我們做出來的米糕栫比較接近本色。」黃家炊蒸出來的米色澤潤白，自然純樸，不似白紙般死實，炊熟後也散發清雅米香。

（二）砂糖

米糕栫另一原料是糖，黃銅山表示，愈是簡單原料愈要講究，細微變化連帶便會影響米糕栫的口味。早年臺灣種蔗製糖，印象中兒時的糖，質樸單純、清香甘醇，或許隨著製糖產業的式微，亦或受到原物料產地之故，現今市面上的糖種類繁多，香氣風味也不一，卻不若以往濃郁。「要一成不變一定不

圖 12：黃家米糕栫向來採用臺灣在地生產的糯米，且堅持不能混米，否則便不算良品。

圖 13：舊糯米顏色淡黃、米粒細長。

圖 14、15：臺糖生產的特砂來自蔗糖，
單純質樸，因其結晶顆粒稍大，也適合長期存放。

可能，時代在變，原料勢必也會改變，如以前的糖跟現在的糖就不一樣，現在的糖會是比較適合現代人的口感。」黃家的糖，向來只採用臺糖生產的特級砂糖，風味溫厚、甜而不膩，才能製作出甘甜味美的米糕栫。

（三）豆類、果乾

黃家米糕栫除了天然的米、糖外，若有其他添加物，便是製作八寶口味米糕栫時所加入的豆類與果乾，如紅豆、龍眼乾、葡萄乾等。黃家選用的食材皆來自臺灣，除了對在地所產五穀果乾的品質信任外，更抱持著支持本土農業的心態。擇選時一樣有套嚴苛標準，「例如紅豆要選顆粒完整飽滿，外皮薄

有光澤，顏色較深的。」紅豆飽滿圓潤，水分愈充足，儘管顏色並不鮮紅，品質卻較好，隨著放置的時間愈長，水分流失，重量跟著減輕，豆子的外觀便會縮小，表面甚至會變皺，便屬劣品；且紅豆顏色愈深，鐵質含量愈豐富，營養價值也愈高；而龍眼乾則選擇炭火烘焙，香氣才足；此外，食材的保存或密封也要留意通風陰涼，避免受潮影響食材的品質與鮮度，「有好的食材，才能做出好味道的米糕栫！」

二、器具[13]

米糕栫使用的器具大致可分為製作器具、塑形器具以及其他輔助器材。普濟殿前黃家目前使用中的器具多為代代相傳，足具古風與傳統性。

（一）製作器具

1. 炊斗

為炊蒸米飯的器具，早年黃家所有的炊斗、拌桶都在米街老字號「瑞泰桶店」[14]訂製，「他們也傳了好幾代，一樣是從

13　此處器具名稱依普濟殿前黃家米糕栫所指稱為主。

14　瑞泰桶店起業於清末，由蘇芋創設，原位於府城米街（後改新美街），為傳承4代的箍桶店，傳至第4代蘇榮昌之手時，因其心肌梗塞驟逝後，今已歇業。

我阿公那代起就向他們買桶子，一直買到他們收起來，現在要
找到手藝這樣好的師傅做炊斗，很難找了！」炊斗是以一塊
塊木板榫接成上小下大的圓形木桶，底部布滿多個圓孔，桶身
兩側有手把。早年的工法是以卡榫方式輔以竹籤嵌起每一塊木
片，不若現今的炊斗或箍桶製作為求速度與便利，多以白膠或
其他黏著劑黏貼製成，傳統的炊斗不僅作工精細，相對的也無
毒素殘留的疑慮。此外，因為米糕栫原料僅米與糖，不若坊間
一般米製品小吃，添加各種食材或調味，所以對於木材更要慎
選精油含量低或味道淡雅的木種，避免木質濃烈壓過米的自然
香氣。

圖16、17：早期炊斗因長年使用，邊緣斑駁不平整，頗有歲月之痕。（上直徑 35cm× 高 55 cm× 下直徑 58cm。）

圖18、19：黃家後期的炊斗，形制上幾乎無異。（上直徑 40cm× 高 58 cm× 下直徑 60cm。）

圖20：炊桶側身的把手暗藏玄機，把手下方稍微傾斜以便套牢繩索，使其不易脫落。

圖21：炊斗底部必須留有孔洞，炊出來的米才會好吃。

圖22：生鍋是早年煮飯、燒水常用的鍋具。（直徑 50cm× 高 38cm。）

　　木製的炊斗具有透氣性，利用炊斗底下水鍋滾燙的沸水所帶來的水蒸氣，將米炊熟；而炊斗上小下大，可以使糯米受熱均勻，炊出來的糯米結實飽滿。

2.生鍋

又稱「生鐵鍋」，外觀圓形，鍋身中間有突出的簷環，以

便撐於爐灶或爐具上，用來煮糖漿或熬煮八寶、豆類。

3. 拌桶

　　拌桶形狀類似箍桶，為混拌米與糖的器具，是將木材裁成片狀後，兩邊刨出斜度，再一片片以竹釘嵌起，接合成圓形，外部再以竹篾或鐵絲將木片固定，因此無須任何接著劑也不會漏水，用途甚廣，如盛米的飯桶、汲水的水桶、洗滌沐浴用的木桶、浴桶及生育用的腰桶……等，是早期生活中十分常見的器物。由於木材會配合周圍的溫度與溼氣調節水分，當熟米放進木桶裡，若米飯太濕，木桶會吸濕；而米飯太乾，桶子的水分會釋回飯中，故拌桶仍以木製為最佳。「早年拌糖都還要聽到攪拌棍碰撞桶底的聲音，不過大力的撞擊，也使拌桶容易壞。」由於米糖混拌時需要大力翻動，長期的使用與撞擊使得拌桶受磨損或破裂，早年節儉惜物觀念重，黃家的拌桶也就修修補補的一直續用至今，直到鉎鉛板鐵等材質的桶子出現，以及塑膠製品大量生產，木工與修補行業消失，找不到師傅修補木桶，黃福星才於拌桶內套白鐵桶，成今日之貌。而為應龐大的製作量，黃家自早有多個拌桶，到了白鐵進口年代時，黃家與時俱進的也訂製白鐵拌桶。

圖23、24：第一代的拌桶以竹籤來嵌起每一段木片，作工精細。（上直徑70cm× 高 60cm× 下直徑 62cm。）

圖25、26：拌桶因長期攪拌受撞擊容易毀損，黃家後來於桶內再套鐵桶，延長使用年限。（左：上直徑 63cm× 高 45cm× 下直徑 57cm。）

圖27、28：鐵桶製作會依年代而有不同工法，早年鐵桶（左圖）多由師傅徒手製作，一體成形。近期的白鐵桶則明顯可看出點焊痕跡。（右：上直徑75cm× 高 48cm× 下直徑 60cm。）

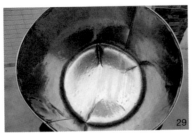

圖29：拌桶內套的鐵桶因長期碰撞而凸出的部分最脆弱，破了便要再補。

圖30：黃家拌桶的變革，由傳統木桶，到內套鐵桶，再到近代的白鐵桶。

4. 攪拌棍

攪拌棍為一根長形實心木棍，用於將米與糖拌勻的工具，由於米糖濃稠，攪拌時得費力，故外形得為厚實的杵狀（而非片形如槳狀），以免易斷。黃家自早皆以鋤頭柄為攪拌棍，且為配合製作的量則有分大小尺寸，大支的長度幾乎高達一人，得以便於翻攪米糕。

（二）塑形器具

塑形器具主要是以栫板與箍桶篾所組成的栫桶，「栫」有「用柴木壅塞或圍住」之意，也是米糕栫的最具象徵性的形貌，是製作米糕栫最重要的器具。

圖 31、32：攪拌棍由堅硬實木所製，外形為厚實的杵狀，高度幾近一人。（長 136 cm。）

圖 33、34：早年使用的攪拌棍，因長期碰撞拌桶邊緣，已呈現自然的凹痕狀。

1. 桺板

桺板為上窄下寬、狀如梯形，側邊略有稜角的木板。由於木材具有吸收與釋放味道的特性，因此對於木質與氣味特別要求，並非所有的木材皆合適。桺板取材通常選硬度適中，氣味清淡的樹種為宜，以免因味道過於濃郁而壓過米香氣味。黃家早年的桺板多以福州杉製作，由於杉木生長快，伐期短，材質優，是早年農具加工、家具與建築的良材，廣為用於日常生活，因此也被作為桺板的板材。

黃家目前使用的桺板多為前兩代所留存，頗具古樸韻味，早年以8尺（240公分）、7尺（約212公分）或6尺（180公分）等大尺寸居多，「8尺的都要4個人以上合扛才扛得動，以前的人比較有力！不像現在主家若訂製6尺的，就算最大支的了！不要小看這桺板，單片若多個幾公分，組合起來，容量便增加不少斤…。」黃銅山搬起一旁大支的桺板說，以前廟會普度盛大，米糕桺講求大支才能顯見氣勢，也頗有拚場的意味，因此早年的桺板以大支為主。而當時普度場多，且尚有其他糕餅業者也兼製米糕桺，因此還會於桺板外書寫「普濟殿廟前」，除作為註記以防止桺板混亂或遺失，另也有廣告的作用。「如果大支的桺板壞了，便裁成小支的，或改製成其它工具。」黃銅山說早年桺板材厚、質地紮實，即使年久損壞亦不捨得丟，信手巧思下又賦予新的生命，也足見黃家的克儉惜物。

　　隨著時代變遷，國人的飲食習慣改變，自第 3 代黃銅山起開始改良研發 25 斤、10 斤等小支的米糕栲，推出後也頗受好評。近年因大支米糕栲逐漸式微，直到民國 107 年（2018）鹽埕北極殿建醮訂製，黃銅山才又以臺灣亞杉（臺灣杉，Taiwania cryptomerioides）製作一批大支栲板備用。

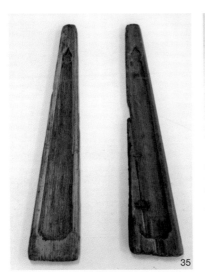 

圖 35、36：黃家早年的部分栲板，板內還雕有精細紋樣，可惜多已散佚。（上寬 4cm × 長 55 cm × 下寬 8cm。）

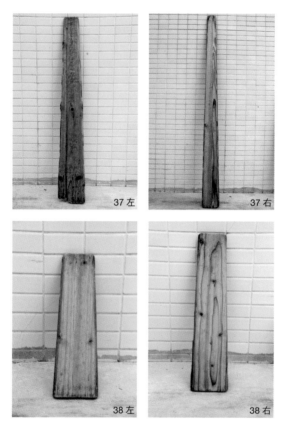

圖 37：早年以大支（50 斤與 100 斤）的桮板為主流，多以福州杉製，木質堅韌、紋理清晰，歲月洗鍊下的桮板頗有韻致。

（圖 4-37- 左：50 斤—上寬 7cm× 長 110cm× 下寬 15cm）

（圖 4-37- 右：100 斤—上寬 9cm× 長 180 cm× 下寬 17cm）

圖 38：10 斤與 25 斤的桮板大小看似差異不大，但幅寬多個幾公分，容量差異便不小。

（圖 4-38- 左：10 斤—上寬 7cm× 長 35 cm× 下寬 11cm）

（圖 4-38- 右：25 斤—上寬 7cm× 長 55 cm× 下寬 14cm）

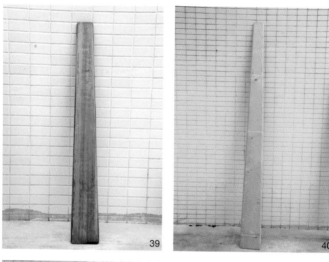

圖39、40：經常使用的桁板（左圖）側邊稜角會有磨損，新的桁板（右圖）稜角明顯許多。

圖41：桁板從古至今形制不變，但不同年代所製的桁板仍有些微差異，圖為黃家米糕桁目前使用的桁板。

【枋板除味與保存】

　　枋板有木材天然的氣味，若未經特別處理，至少得要使用好幾年才能將味道完全去除。因此，新的枋板不是做了即刻能用，還要經過清洗的工序，以去除木材的雜質與異味。通常枋板在製作完成後，會以鳳梨皮擦拭，再於熱水中加入鳳梨或柑橘等果皮燙煮枋板。由於鳳梨是粗質纖維水果，柑橘皮含有香精油，兩者皆具除臭功效，散發清香，煮水浸泡枋板，更能加速去除枋板的異味。

　　正常使用下，枋板自然裂開的情況並不常見，若裂開多因工作上使用不當而導致，因此枋板無需特別保養，反而著重在清潔、乾燥與收存。枋板每次使用後，以清水洗淨，於烈日下確實曬乾後才可收存。收存時應留意選擇乾燥之處，避免溼氣重或直接接觸地板，以免受潮發霉，或容易蛀蟲、受白蟻侵蝕。

2. 箍桶篾

以竹子皮編製成環狀的圈繩，配合栫桶寬窄而有各種尺寸，用來箍住栫桶，使其裝填時不至於散開。

42

43 左

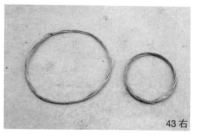
43 右

圖 42：箍桶篾的材料，早年取竹製編成竹篾用來固定桶子外部，在鎞鉛線（鐵絲）普及後，傳統竹篾也漸被取代。

圖 43：箍桶篾為重複使用的器物，年代愈久（左圖）色澤便愈深。為配合栫桶的寬窄，箍桶篾也有各式尺寸（右圖）。

圖 44：栫心取長竹製成，便於搬運與豎立米糕栫。（長約 220 cm。）

3. 栫心

固定大支米糕栫的支撐棒，以利搬運與立栫，取長竹竿將每個竹節削至平整，於製作時放置在栫桶的中心。

4. 栫桶

栫桶是由 6 片栫板及數個箍桶篾所組成，外形為上窄下寬的六角柱狀，因此得以讓米糕栫在冗長的祭祀過程中穩穩佇立。目前黃家的栫桶尺寸大致可分為 120-130 斤、100 斤、

45

圖 45：歲月洗鍊下的栜桶，有分質樸韻味。

50斤、25斤、10斤，歲月洗鍊下的栜桶，會因為糯米和糖的
發酵褪去了原木的氣味，使製作出的米糕栜只保留下純粹的香
甜；栜桶的大小也會因存放糯米的重量和壓力有所差異，間接
影響了米糕栜的品質。

（三）其他器具

1.爐具

早年黃家以傳統爐灶炊米煮糖，當時多以粗糠或柴薪為燃

圖 46、47：早年黃家燒材薪以爐灶炊米煮糖，今改為瓦斯爐具。

圖 48：竹篾編成的細米篩，可瀝乾水分又不使米粒流失。（直徑 60cm。）

料，屬於火候較溫的軟火，因此需時刻看顧爐灶。今改為瓦斯爐具，爐火掌控較為容易，此也是黃家歷來變革最大的工具。

2. 米篩

竹篾編成的圓形竹盤，盤底以數十條竹篾十字交錯編製，用來過瀝洗米水，同時將米撈至炊斗的工具。

3. 胚布

胚布為未經任何漂白或染整等加工程序的布，多呈米白色或本色，作為覆蓋於炊斗上方，有隔離、透氣與阻絕之用。

4. 麻布袋

以瓊麻取絲抽成線編織而成，早年以麻布袋裝米、糖、豆類等，因麻布袋是以針和麻繩縫合，透氣性佳，故被黃家作為替代炊斗的蓋子，能確保炊米時熱氣回流，水氣不回滲，也是黃家獨創的炊米配件。儘管麻布袋纖維粗糙，厚實耐用，經年累月使用仍難免破損，因此早期所留下的麻布袋還可見縫補痕跡。

圖 49：未經漂染的胚布，既有隔離、阻絕之效，也可避免污染米飯。

圖 50：以麻布袋用來替代炊斗的上蓋，是黃家炊米的特色。

5. 糖桶、糖杓

糖桶為鐵製圓桶，狀如水桶，上有提把；糖杓為鐵皮製連圓筒握柄，杓面呈圓瓢狀，用來裝糖、舀糖的器具。

6. 綁繩、勾繩

黃家早期利用雙股粗麻繩編成的綁繩，用來套緊炊桶，再

圖 51：用來裝糖、舀糖的鐵製糖桶與糖杓。（上直徑 30cm× 高 35 cm× 下直徑 30cm。）

圖 52、53：早年繩索要經一番特殊綁法，才能確保擔抬重物時不鬆脫，今於繩索兩端加上鐵勾，方便許多。

以竹竿穿繩擔抬將炊熟的糯米倒入拌桶內，並自創一套特殊的環繞綁法，讓擔抬重物時繩索不會鬆脫。後來自行研發改良成勾繩，於繩索兩端分別加上 U 形勾與類似羊角勾，可直接勾住炊桶，省卻複雜的綁法。

7. 竹擔

擷取刺竹經修編製成，不同於其他竹竿中空脆弱，黃家所取的竹子竹節多且分布均勻，挺而堅韌，適宜用來擔抬炊斗等重物。

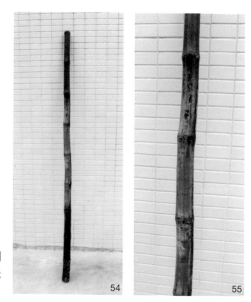

圖 54、55：擔抬炊斗的刺竹竿竹節多且結實。（長210cm。）

8. 柴盤

在裝填米糕栫進入栫桶時，用來盛裝米糕栫的器具，因米糕栫在裝填時溫度仍高，故以木製為佳，避免燙手。黃家的盛裝柴盤形制類似早年的牲醴盤，今日留存較早的一只柴盤為圓形寬口，底部圈足，盤面淺平，塗布紅漆，外觀古樸平實，底部鐫刻「黃」「成」「發」3 字。此外，另有同形制無漆的肖楠木盤一只，為後期所製。

56

57

58

圖56、57：黃家目前留存最早的柴盤，底部鐫刻「黃」「成」「發」等字。（直徑24cm×高7cm。）

圖58：目前使用的柴盤。

9. 舀匙

舀糯米的工具，木製，盛舀飯之處為平面。早年黃家有兩種，一種握柄與匙面皆略長，形如木鏟狀；另一種握柄與匙面呈一比一，匙面為寬方形，能舀較多的米飯。黃家另有多支尺寸大小不一的舀匙，皆為損壞的舊桮板刨下改製，足具異趣。

49 左　49 右

圖 59：黃家的舀匙形狀各異，部分還是自舊栫板刨下再裁製。
（圖 4-59- 左：面寬 12cm X 長 45cm）
（圖 4-59- 右：面寬 15cm X 長 28cm）

10. 米糕栫底座／栫架

　　米糕栫座為用來支撐小支米糕栫（約 10 幾斤），一組包含一個底部有圓孔的木桶，以及圓形中間有孔的木板一片，使用時蓋上木板，將米糕栫放在木板上（栫心穿過孔洞），放置於普度供桌。

　　栫架包含一個鐵架與一片圓木板，鐵架以厚實鐵片彎曲組合而成，長寬約 30 公分、高 45 公分，中有方格，結構穩固；圓木板直經約 46 公分、厚度 1 公分，中有方孔，為固定米糕栫的特殊基座，方便插入米糕栫心以穩定佇立大支的米糕栫。過去與普度場常可見，今日由於大支米糕栫製作得少，再者製

圖 60、61：早年米糕栫底座，為架小支米糕栫的基座。（上直徑 18cm× 高 20cm× 下直徑 21cm ／蓋直徑 21cm。）

圖 62、63：早年栫架，為架大支米糕栫的基座。（長 30cm× 寬 30 cm× 高 45cm。）

成的米糕栫多採分切裝袋方式，故僅於大支或特定普度場還可見，其餘場合已十分罕見。

圖 64、65　米糕桮的基座上的圓木板，可放置米糕桮外，中間的方孔還可固定桮心，使其不晃落。（直徑 46cm。）

圖 66：分切米糕桮的刀具以板厚堅固為宜。

11. 刀子

　　講求刀材厚重，而非鋒利為主，由於米糕桮厚且紮實，分切時十分費手勁，故開桮的刀子必須面寬且大，刀板堅固質厚為佳。

圖 67、68：桴板抹油時放製的鐵架。（長 90cm× 寬 62cm× 高 75cm。）

圖 69：推車用來輔助搬運。

12. 鐵架

桴桶組裝前，桴板抹油時置放的鐵架，一次約可放數支桴板。

13. 推車

以前所有的原料都以人工搬抬，隨著師傅年紀逐漸老邁，後來增加推車以助搬運。

圖 70、71：洗米桶與篩杓。

14. 洗米桶與篩杓

洗米與篩米的盛具，早年皆以鋁或金屬材質盛裝篩米，今以塑膠等較輕盈的材質替代。

15. 包材

包括桂竹葉、玻璃紙與耐熱袋，用於密封米糕栬桶底與封口。過去農業時代多就地取材，以天然桂竹葉（桂竹筍殼）為包材，桂竹葉堅韌耐用，不僅可重複清洗使用，且具幽淡的天然筍香。日治時期以後玻璃紙（セロハン）逐漸取代桂竹葉成為新興包材；至近代再改以耐熱袋。黃家今仍保持傳統，採桂竹葉封底，若逢大量製作則採用部分耐熱袋。上緣則以玻璃紙封口，玻璃紙因其取材自木漿、棉漿等天然纖維，伸縮與透氣性佳，能排出熱氣外，其更可封存高溫食品，不僅耐熱性更優且無毒素產生之虞，對於油脂、細菌等亦有良好的阻絕功效。

圖72、73：早期採桂竹葉為包材，黃家現在則以桂竹葉與天然玻璃紙混搭使用。

三、米糕栫製程

　　米糕栫從前置的米糖選擇、組合栫桶，到逐步製作以至後續清洗，看似不難的技術，實則每道工序都是關鍵，輕忽不得。製程不但耗時費力，更需要師傅的多年經驗，黃家米糕栫的製作皆遵循祖傳古法，4代以來不曾變過，其製程如下。

（一）洗米：

　　循慣例，米糕栫通常於一大早製作，前一日傍晚便要洗米，洗滌時的次數視米量而定，至少洗3次為宜。

（二）浸米：

　　選用舊米，加以量大所以還要浸米。米粒有吸水性，浸米

圖 74、75：製作前須將米仔細洗淨，並再度沖水以去除雜質。

圖 76：浸米可讓水分進入米粒核心，增加飽水性，炊時才會完全糊化。

除了讓水分進入米的核心，使其飽水性較好，炊時才會完全糊化，透過浸米還可知曉米的年份，舊米色澤深、略帶淡黃，新米色淺偏白，完全逃不過老師傅的眼力判斷。將米浸泡 6 至 8 小時以上，隔日再瀝乾。「如果真趕時間，或遇到主家追加的話，還要用熱水浸米，加速後續的炊米！」廟會或信徒偶有追加訂單或急單等突發狀況，寸積銖累的也讓師傅們悟出一套能準時完成又確保品質的難得經驗。

◎（若製作八寶口味米糕栫，還得事先浸泡紅豆約 8 小時，並將豆類預煮至全熟。

（三）炊米：

利用水蒸氣的熱力將米炊熟，相較於用煮的方式，炊蒸的米不僅口感較好，米也較為鬆軟。黃家炊米不像一般米食業者會於米中加沙拉油、醋、鹽或檸檬來增添米飯的鬆軟或潔白，單純只以糯米炊蒸，「不過每一批米都要經過試炊，尤其早年燒柴起爐，火候不平均，有時米粒會軟硬不均……。」炊米的程度取決於米的年份、新舊，因此黃家每一批米必定經過試炊，觀察米粒的變化與柔軟度，完全精簡不得！ 炊米時，於炊斗底部先墊一張炊布，防止米粒外漏外，也避免散發出來的

圖 77：於炊斗底部墊炊布，防止米粒外漏與沾鍋。

圖 78：將米放入炊斗。

圖 79：在糯米上戳出孔洞。

圖 80、81：覆蓋上胚布與麻布袋。

圖 82：隔水炊蒸。

圖 83：從麻布袋孔冒出的白煙，是觀察火力是否適當的指標。

圖 84：炊米時，適時的「行水」，米粒才會飽滿，米心也才會軟熟。

濕氣與糯米本身的油脂導致沾黏，再將將泡好的糯米稍留一點水均勻倒入炊斗中，於炊斗外鍋加水（水不可淹過炊斗底部），再於炊斗上方先覆蓋白色胚布後（作為透氣與隔離，同時亦有阻絕麻布袋的雜質），再蓋兩層麻布袋（用意同蒸籠蓋，但蒸籠蓋較不透氣，水氣容易回滲致使糯米較濕，而麻布袋透氣性較佳，能讓熱氣回流，水氣卻不會回滲）。之後隔水加熱，依照當批糯米的軟硬與特性，決定炊米的時間。第一炊因冷鍋冷灶，加熱比較慢，通常需費 1 個多小時，到第二炊時便可省些時間，端視火候強弱而定，大致上全程約要炊 2 至 3 小時，待糯米大致熟後，還要「行（kiânn）水」，即適時的淋澆一點水，讓米吸收水分才會飽滿，米心也更為軟熟，待米全熟將炊好的米倒至拌桶。製作米糕栫最重要的關鍵便是炊米，「炊米時要不時觀察炊斗上方冒氣的情形，若氣透不出來或冒出來的氣不均勻，那麼這鍋米可能會有一部分不熟，如果再繼續炊也是沒用，必須將沒熟的那部分米挖出來，另外起一鍋再炊一次。」米糕栫的成敗，多在炊米過程，由於米粒的熟透與軟硬度攸關到口感，所以炊米更需妥當掌控爐火，得時刻留意火不能斷，且保持火候的穩定，直到炊斗上方均勻的冒出蒸騰熱氣，才表示米已大致熟了！黃銅山更進一步說，由於為炊斗為手工木製，炊米時也要注意炊斗是否漏氣，或蒸氣分散的均勻，若米生熟度不勻則形同耗損，便得再重複一次工序。

（四）煮糖：

糖必須煮過，若以未熬煮過的「生糖」直接與蒸熟的糯米攪拌，製成的米糕栫便容易化出糖汁，不耐放置或保存。煮糖除了糖與水的分量比例適當外（加水至可蓋過糖，水量可將糖攪拌溶解即可），火候的控制以及熬煮的手法更需要經驗。而為了工序上的流暢，煮糖的時間還要配合炊米時間，炊米時間較長，煮糖以文火即可，當米量少，炊米時間短時，煮糖便可開中大火。煮糖時，將糖與水倒入鍋中，確認砂糖全數溶化後，[15] 再開始熬煮。熬煮時必須適度的攪拌以免糖燒焦成為焦糖，但也不能一直攪拌，以免產生「反砂」現象，又變回砂糖顆粒狀。煮糖過程中還得觀察糖的色澤、氣泡，同時留意香氣，糖在攪拌過程時會變稠，有經驗的師傅除了眼觀，還會以手指沾糖，感觸糖的濃稠度，直到糖煮至略呈稠狀，香味甜而不焦方可。糖漿熬煮得宜，製作的米糕栫會回甘，入口清香。

◎若製作八寶口味米糕栫，則將紅豆、龍眼乾、葡萄乾等加入鍋中與糖一同熬煮。

15　反砂現象的產生，是因為融化的砂糖再次結晶變成固體，在砂糖融化過程中，加熱過程太早攪拌，容易把未溶解或融化的砂糖顆粒拌入已融化的砂糖中，致使融化的糖漿容易發生再結晶的現象。

圖 85：將砂糖到入鍋中，直到溶化。

圖 86：煮糖時，氣泡與顏色的變化是觀察的指標。

圖 87：將攪拌棍浸泡到糖漿中時，糖漿會附著於攪拌棍表面，直到呈水滴狀滴落就大致差不多了！

圖 88：製作八寶口味，將紅豆、龍眼乾與葡萄乾導入糖漿中，豆類果乾的醇厚，畫龍點睛了整鍋糖。

【糖漿】

糖漿是將糖加入不同比例的水，以小火加熱後，使糖由結晶狀態變為液體狀態。當糖漿煮得愈久，其中的水份蒸發愈多，糖漿的濃稠度愈高，流動性愈低，正因為糖在加熱過程中狀態的改變，每一階段各有不同的特性，而有不同的應用方式。

（五）組栫桶：

在等待炊米煮糖的時間，師傅們要同時組栫桶。將栫板放置於架上，於栫板內塗上花生油，一來以利開栫後脫膜，也藉由花生油將木頭的毛

圖89：在栫板上塗抹花生油。

細孔封住，如此才不會因木頭的氣味而影響米糕栫的味道。塗好花生油的栫板以兩面朝內重疊，避免花生油沾染到栫板外部。將6片栫板依序組合後，於上、中、下各套上大小適中的箍桶篾（箍桶篾數量依栫桶大小而定），再以鐵鎚向下槌敲箍

桶箍處，讓組裝好的桸桶更緊實，因米糕填充過程中需向下搗實，套緊桸桶才能使填充或後續靜置時不易爆開；最後再於桶底包上兩層竹葉。

　　組桸桶看似簡單的步驟，卻也需要技術，若其中一片桸板角度不符，便難以組合。新製的桸板因側邊有稜角，組裝上較為容易，而長期使用的桸板由於稜角處已逐漸磨平，加上組桸桶時需敲打，容易導致滑動而鬆脫，因此即使是 6 片一模一樣的桸板，因為角度不明顯，其實組裝有一定的難度，必須仰賴老師傅的經驗才能快速組裝牢固。

90

91

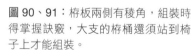

圖 90、91：桴板兩側有稜角，組裝時得掌握訣竅，大支的桴桶還須站到椅子上才能組裝。

圖 92、93：分別於桴桶套上數個箍桶篾，還要以鐵鎚敲緊，避免填充時因擠壓而爆開。

圖 94：最後以竹葉封底。

圖 95：完成的桴桶。

（六）攪拌：

米熟了須先初次攪拌，讓米飯均勻膨脹，口感一致，此時因沒有糖的輔助，最為費力。稍微鬆米後，倒入煮過的糖漿，使糯米與糖漿混合均勻。攪拌時，一邊倒糖同時由兩名師傅以大支攪拌棍攪拌，得搶在米變涼、變硬前持續進行，期間因牽涉到溫度，會影響後續的製作與口感，故得一氣呵成，待米與糖初步混合均勻，可稍事停止，之後再次攪拌約 10 分鐘，直至每顆米粒均勻沾到糖漿，充分與糖融合。攪拌是製作米糕栫的基礎工序，看似大幅度攪拌，其實並非以搗或畫圓式用磨的，而是幾近垂直的插入拌桶底部，再稍用力抵住桶底拌起，過程不僅費力，還得時時留意不可把米攪破，要保留米粒的完整飽滿，起棍前手腕還需轉一下，讓攪拌棍翻轉一下，使米粒不沾在攪拌棍上。「以前一次都要 4 個人圍著拌桶邊走邊拌，我爸在旁邊就會聽『篤篤篤』的聲音，確定攪拌棍有觸碰到桶底才算過關……。」有經驗的師傅多聞聲辨識，而黃銅山回想過去米糕栫量大為求效率，總要出動最大的拌桶，一次以 4 支攪拌棍同時攪拌，那攪拌棍碰撞桶底的聲音與師傅們多年默契下此起彼落的節奏，成了廟埕最和諧的交響曲！便有人曾笑著建議，時代進步了，何以不以機器替代？！黃銅山卻怎麼也不肯，不僅因為高速快轉容易破壞米粒的完整，連帶影響口感外，尤其加入了糖後，米粒間的黏稠度會瞬間增加，更需要有

圖96：倒米前，先將攪拌棍交叉置於拌桶中，方便頂住炊桶，節省力氣。

圖97：炊斗的重量加上近百斤的米，須兩人合力才能扛抬。

圖98：兩人合力既是分工，也考驗默契，熱氣氤氳，一不小心即會燙傷。

一定的手勁才可以將米撥開，靠著師傅們靈活俐落的手腕，呈現米粒的完整與米糖混合後的香氣，「手拌的還是最好，除非用的米不好才會有碎米的情形」，手作就是要有手作的溫度，是他的堅持！

◎製作八寶米糕栫時，因混了紅糖與八寶料的糖漿，色澤呈現淺褐色，故比較好判斷米粒與糖漿的融合情形；若製作白米糕栫，因糖漿色澤與米色相近，較難觀察，便多靠經驗掌控，直到糯米顆顆分明才算完成。

圖 99：將炊斗架在攪拌棍上，讓米自然緩緩流瀉。

圖 100：炊熟的糯米米粒飽滿澄澈，米香醇厚。

圖 101：米量大時，得兩人同時拌米，過程中，節奏與默契很重要，攪拌棍才不會「打架」。

圖 102：米、糖混合後，快速攪拌到讓每一粒米都均勻布滿甜味，是美味的秘訣之一。

圖 103：八寶口味的米糕栫能憑色判斷，拌到米粒上均勻呈現淺褐色即可。

（七）裝填：

攪拌均勻的米糕還得稍待片刻，讓其略變硬、呈半凝固狀態，「太軟容易溢得到處都是，後續搗實米粒也容易破；如果太硬，裝填時要舀便十分費力。」黃銅山說裝填米糕栫是不能偷懶的工作，一偷懶，待會兒雙手便會抗議，通常等待至盛放在柴盤中傾斜不會溢下的黏稠度時，最為適合裝填。

圖 104：大支米糕栫須由 3 名師傅上、中、下接續完成，看似容易，卻得忍受熱氣與高溫。

圖 105：充填時藉重量將米糕壓得愈密實，口感愈好，因此這道工序頗為費力。

圖 106、107：最後要將米糕搗實拍並打紮實。

圖 108：封口完成的米糕栳。

將拌勻的米糕趁熱舀入事先組好的栫桶中再壓實，小支的米糕栫直接裝填，大支的米糕栫中間還要置入栫心。裝填的時間掌握很重要，必須搶速度以免米粒變硬不好舀，不僅增加後續搗實的難度，也影響成品的口感。而若是大支的米糕栫還必須由 3 名師傅上、中、下接續完成，上面的師傅以梯子爬上最高處，下方的師傅將米舀進盤中後，接力傳給高處者裝填，再由高處者不時以木棒邊將米搗至紮實、填滿為止，最後在頂端抹上花生油，用玻璃紙（セロハン）或粽葉封存，以防止落塵與細菌。由於米糕含糖量高且具黏稠性，大量裝填進栫桶中會因重量產生壓力，再透過木棒搗實的動作將栫桶內部空氣搗出，藉由米糕栫層層往下壓的重力，使米糕變得緊實，再經由靜置熟成時的溫度變化，產生 Q 彈口感。「米糕栫愈大支能裝填愈多的米糕，封存後內部的餘溫也愈高，冷卻過程愈慢，所以愈大支的米糕栫愈好吃！」黃銅山莞爾的說，還是早年人比較「識貨」！

（八）塑形與熟成：

利用栫桶密封的特性，有助於塑形成柱狀外，處於封存靜置的狀態下延緩降溫，溫度由熱逐漸冷卻的變化，也讓米慢慢熟成變紮實，嘗起來才會 Q 彈有嚼勁，不會鬆散軟爛。一般而言，中、小支（3、4 尺）的米糕栫靜置約 1 天後即可開栫，

或依客人需求的時間而定；而 5、6、7 尺以上大支的則要靜置
2 天以上，待其成形與熟成，同時也避免散掉。靜置時，必須
留意保時通風且避免強風，以免破壞口感。

（九）開桸：

熟成後開桸時要小心，以慢速拆開桸板，避免桸板破損外
也保持米糕桸品相完整。小支的米糕桸拆桸板，包上玻璃紙

圖 109：桸桶以下窄上寬矗立靜置。

圖 110：沒經過時間的熟成滋養，很難嘗到米糕桸的彈牙與甘美。

後，再立於蛋糕盒上，進行外部裝飾。至於大支米糕栫，則逐一鬆開箍桶篾後，拆下一片米糕栫板，再包覆上玻璃紙防塵，可使信徒清楚驗收真材實料、紮實飽滿的米糕栫。之後於拆封的那面貼上「普度植福」、「盂蘭盆會」、「蘭盆勝會」等字樣。普度用的大支米糕栫因高度與重量之故，中間會有竹竿製的栫心固定，送至普度場時還要架於專屬的栫架，使其穩定佇立，高高豎立的米糕栫往往也成為普度場中最受矚目的焦點。

（十）分切：

製作好的小支米糕栫一般直接放置於供桌，無須分切；大支的米糕栫在祭祀過後通常由師傅在現場開栫並分切。由於米糕栫紮實厚重，分切十分費力，為了便於施力多於地板進行。開栫前先於地上鋪上塑膠墊，將箍桶篾逐一鬆開取下，小心的將栫板拆卸下來平鋪於塑膠墊上（也避免米糕栫直接接觸塑膠墊，造成衛生疑慮），之後以刀直劃將米糕栫剖開，取出栫心後，再橫向等分切成小塊。通常大支米糕栫一支必須2名師傅合作方能完成，「早年要切米糕栫都還要特地撥人去切，旁邊還會圍很多人觀看……。」廟會普度人潮擁擠，加以米糕栫開栫並非尋常可見，因此總吸引不少信徒或民眾的好奇圍觀。不過由於普度結束多半已晚，加上場面混亂，因此師傅開栫、分切的動作便要更俐落，才能盡快分送完畢。

圖 111、112：大、小支米糕栫的拆板方式與立法皆不相同。

圖 113、114、115：小支米糕栫開栫
於桌上進行，一人即可完成。

圖116：大支米糕栫得將栫桶搬至預先鋪好塑膠墊的地板，以鐵鎚敲打緊套的箍桶篾，並逐一鬆開。

圖117：小心慢速地拆下栫板，若是要立於普度場，僅拆卸一片即可。

圖118：於米糕栫上直劃一刀，剖開米糕栫。

圖 119、120：將栫心從米糕栫中小心的取出。

圖 121：橫向等分切成小塊。

圖 122：有經驗的老師傅，一刀劃下，每塊米糕栫的大小、重量幾乎可達一致。

（十一）包裝：

過去普度場大支的米糕栫僅拆下一片栫板包覆上玻璃紙即可，今考量人力不足、分送不便以及與衛生等相關問題，所以多事先分切包裝好。包裝時也有技巧，開栫後不可立即封膜打包，必須等一段時間，待米糕栫的熱氣完全釋放（有時可視情況先分切成小塊，讓其散熱更快），否則殘留水氣，若是小支的米糕栫便容易歪斜、倒塌，或導致發霉，「切忌為求速度搶快吹風，風吹米糕栫表面會變硬，所以開栫後還要將米糕栫移入室內，靜置通風後再行包裝。」即使包裝，也得仔細步驟、留心工序與場地，才能確保米糕栫品質與口感俱佳。

圖 123：拆栫板後的米糕栫仍保有餘溫，要稍待冷卻，才可包裝。

圖 124：逐一秤重後，分裝米糕栫。

圖 125：再依各主家訂製的數量裝箱。

【看天吃飯？！米糕栫，溫度、濕度是關鍵】

米糕栫隨著天候不同，米糖的變化也會產生變化，「嚴格說也是看天吃飯，尤其下雨天更難做。」有經驗的老師傅都知道，天氣的影響很大，溫度太高或太低，陰天或雨天，更要謹慎工序，若處理不當，米糕栫很容易因受潮而發霉。而偏偏農曆 7 月為米糕栫業者最繁忙的季節，不僅時值盛夏，又逢颱風雨期濕度高，製作時若不搶速度，空氣中大量的水氣留在米糕栫上，更會導致成品容易發霉，「早年是利用高糖來保存，比較沒有這個問題，現在減糖了，就得更留意！」而年底的普度逢低溫冬季，過去在普濟殿廟埕做，室外降溫急遽，更要跟時間賽跑，有技巧的調整速度，精準的掌控時間，也成了米糕栫首要之務，才能克服天候難題。

（十二）清洗與收存：

米糕栫製作完成，所有工具必須妥善洗淨，因米糖經炊煮過後黏性重且甜分高，可以先泡水一段時間後再清理，清洗時以清水仔細洗淨，特別是栫板、炊斗、拌桶等木製的器具，切忌以清潔劑清洗，以免清潔劑殘留或滲入木頭內部，之後確實

圖126：米糕栦味甜且工具多為木製，後續的清洗更不可馬虎，避免引來螞蟻，或導致工具發霉。

圖127：栦板洗淨後，晾曬至全乾，才可收存。（黃銅山／提供）

曬晾乾，再收存於陰涼乾燥處即可。

四、米糕龜製程

黃家另一重要的品項是米糕龜，此外，亦曾製作米糕豬、羊，均以徒手捏塑，頗為耗時費工，米糕龜除了要有極佳的塑形的技巧外，重點更在於時間的掌控，何時該搶時間趁熱塑形，何時該靜候溫度的變化，以接續下一部位的製作，都得憑

經驗才能下手得宜，尤其當數量多時，更是考驗師傅的功力。曾經為了小規模量產製作乞龜用的米糕龜，黃銅山突發奇想購置了大大小小的龜模，結果卻因米糕的黏稠度而無法脫模。相較於一般祭祀場合中常見的各種龜類，如紅龜、餅龜等，可以透過模具製作，米糕龜還是得純手工且按部就班製作，工序上顯得繁複許多。

圖 128：小米龜的作法是將每隻龜的形狀先塑出，再逐一進行裝飾。

製作米糕龜前得先釘「龜板」，即米糕龜的底板，早年以木頭釘製，頗為耗時費力，多由二手師傅打下手，直至近代改以紙板墊底後，才免去此項前置工作。製作時，一樣得從洗米、浸米、炊米開始，再起鍋煮糖，直到混拌米糖，工序同前述米糕栫的製作，故不再贅述。米糕龜的製作主要是以混拌完成的米糖（即甜米糕）塑形，從龜身開始，再分製頭部、四肢、尾部，製作時要等一部分塑形完成後，再逐步完成下一部份，方可完成整隻米龜糕。

（一）龜身塑形

塑形時，得先觀察甜米糕是否已凝固至一定程度，「米糕太軟會垂下來，溢得到處都是，太硬了又很費力……。」製作米糕龜有溫度的問題，過熱太軟無法堆疊出形狀，若完全變冷又因過硬而難以塑形，因此，降溫到軟硬適中的米糕是塑形的最佳時機，不但容易捏塑，成品之後表面也才會光滑、油亮。

塑形時從面積最大的龜身開始，先於底板上放龜身模型，「別人怎麼做我不知道，我們這個骨架是自己做的。」黃家的龜身以竹製畚箕包覆報紙為支架，狀似大型特殊漏斗，頗為獨特。再以柴盤跟舀匙將米糕舀至龜身模型上，順著模型慢慢層層堆疊出龜狀，由背部開始，堆疊時師傅靠著手勁，以力道將米糕推壓紮實，待溫度再降一些，稍微變硬後，再接續堆疊烏龜的喉甲板處（下巴處），「因為這部位比較直，米糕要更硬些時再做，才不會塌下來。」看似一體成形的龜身，隨著細部的差異，有其不同做法，再如捏塑頭部時，要十分留意米糕的硬度與黏稠度，「頭與身體的接縫處不好接，是比較難做的部分。」米糕龜的頭高仰，雖有模型支撐，但若處理不好，不僅米糕會垂溢，也無法展現龜的昂首姿態。

此外，師傅得憑著多年經驗，才能不靠磅秤，隨手一抓就恰如其分的掌握整隻米糕龜大致的重量，在時間拿捏上更得精準，才能將頭、頸、身等接縫處穩固銜接，最後，於龜背上徒

手捏出頸甲板，龜身便大致完成。

（二）龜首、四肢、尾巴捏塑

徒手捏出四肢與尾巴，由於此時米糕已逐漸降溫凝固，整個過程中，得搶時間加緊塑形。製作四肢與尾巴時，特別得留意銜接處除了要牢固外，還講究順連，讓整隻龜有渾然一體的美感。

（三）細部構造與封膜

米糕龜完成後還得加上眼睛、眉毛、嘴巴、腳趾等細部構造，通常多事先以紅、黑兩色紙畫好，再利用米糕的黏性直接黏貼於各部，背甲輪紋則以金色的鏤空花邊紙條仿製黏上，最後再於分別於額頭、龜甲處貼上「王」與「福」、「祿」、「壽」、「全」等紅字，以討喜慶。待該黏貼的部位與紋樣貼妥後，此時，米糕龜也大致冷卻，再以玻璃紙將頭、身處分別封膜。

（四）裝飾

米糕龜在送出前，還必須視主家要求適度裝飾，如於頭上加紅色絨球、頸甲板處結紅綵，或於背甲上插花等，增添繽紛與喜氣。

舊時民間於神誕日常見敬獻米糕龜，此外，府城廟宇於農

圖 129：米糕龜以竹製畚箕包覆報紙作為支架，再層層塗覆上甜米糕。

圖 130：米糕龜的塑形，時間與溫度變化是關鍵，全得憑經驗才能掌握得宜。

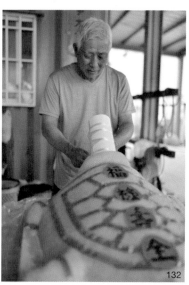

圖 131、132：龜首塑形後，要以厚紙板固定一段時間，避免米糕塌下。

圖 133：龜背貼字。

圖 134：米糕龜稍微冷卻，再以玻璃紙封膜。

圖 135：說明：再點綴上裝飾，米糕龜便完成。

曆正月 15 日上元節（元宵節）或神明誕辰時亦有乞龜之俗，若乞得龜後，翌年則必須再製作一更大隻的「龜」到廟裡奉還，因此早年黃家米糕龜製作的數量十分可觀，「製作米糕龜時間點很重要，搶了時間就能做得很漂亮！不然米炊熟後一大桶，根本做來不及……。」米龜糕在訂單量大時，黃家常得動員多名師傅同時完成，以免錯失塑形的最佳時機，此時除了要靠熟練的技巧，還得動作敏捷，才能在搶在米糕變硬前完成，而師傅們在做米糕龜的當天，常常雙手是一刻都不得閒，「因為做米龜費時費力，鋩角（mê-kak，指事物細微、要緊之處）又多，現在製作米糕龜的業者愈來愈少囉！」隨著各類食材的龜類，製作簡易、保存期限長，而米糕龜因製作工序複雜，且單純米食類不受青睞，不僅黃家製作米糕龜的數量逐年銳減，目前臺南地區傳統的米糕龜製作者亦寥寥可數，技術也逐漸失傳。

五、米糕豆製程

　　米糕豆為傳統嫁娶場合中必備的物品之一，其前置與米糕桸皆相同，將糯米炊熟後，拌入糖漿至均勻，倒入盛裝米糕豆的淺盤中，再隨意灑上煮熟的小蜜紅豆，最後封膜並貼上「喜」字或進行裝飾，近幾年開始創新，以紅豆排列心形、雙心或「喜」字等。

圖136：南天府普度、神誕或醮
典時，米糕栫與米糕龜的數量皆
十分可觀。（李青純／提供）

圖137：將米麵製成龜狀，在民
間是十分常見的祭品，小米龜尤
其討喜。

【米糕栫與米糕龜】

　　米糕栫與米糕龜除了製程不同外，口感差異也很大，米糕栫為經栫板封存的食品，密閉過程中再次熟成，且製作過程間藉由壓製的重力，改變米粒的口感；而米糕龜由於是開放性，散熱快外，製作時更少了重力壓實的工序，較偏向一般的甜米糕，因此兩者的Q彈口感完全無法比擬。此外，米糕龜完成後因為接觸空氣面積大，導致含水量高，亦比較不耐久放，通常米糕栫存放約3至4天，米糕龜的期限則更短。

圖 138：普濟殿前黃家米糕栫製作的米糕豆。（李青純／提供。）

第三節　習藝傳承與從業師傅

普濟殿前黃家米糕栫早年雖皆由家族內成員操持，但因往昔製作量大，每逢農曆 7、8 月，便會號召新市崙仔頂的長者前來幫忙，「我姨丈是新市崙仔頂的人，因為當時人手不足，所以便請他找人幫忙，後來就一直延續到現在。」黃銅山說自其祖父那代起，逢普度旺季因人手短缺，當時在姨丈翁老金的引薦下，央請了新市崙仔頂的一批庄民前來幫忙，自此代代相沿，至今崙仔頂全庄已有近 6、7 成的長者都曾來過府城做米糕栫，其動員的人力與背後的凝聚力，以及這些長者的記憶與情感，更散發著難能可貴的人文的味道！

早年的分工與編制

黃家位於普濟街上，為府城發展極早的街道之一，昔日農業社會多大家族，往往一戶十餘人共居現象普遍，黃家米糕栫在第一代黃塗執掌時，便由全家族共同操持，逢米糕栫旺季時再雇工或請鄰人幫忙。當時由於製作量大、人手齊備，為使工作順暢，採分工方式以提高效率，「那時炊米煮糖、組立栫板、裝米糕栫都有專門的人，就連扛糖、拌米拌糖的都是……。」早年從洗米開始，到最後一道工序完成，皆各司其職，當時的分工與編制大致如下。

1. 燒柴：1 人，負責張羅打點米糕栫製程中所需的柴薪。

2. 洗米、炊米：約 2 人，從扛米、浸米、到洗米與炊米的工作。早年生產量大，米糕栫一批批製作，必須能夠順利接續，方能達效率。通常一鍋米熟後，便要緊接著續炊下一鍋米，因此炊米是重要關鍵，尤其過去以柴薪為燃料，火力小且緩，更需謹慎看顧爐火，掌控火候，除使其不斷火外，還要留意聽水滾聲適時地舀水加水。

3. 煮糖：1 人，負責扛糖、煮糖。得精準拿捏糖與水的比例，適度攪拌，並時刻留意觀察糖的濃度、色澤與香氣，直到糖漿煮至稠度適中，再續接下鍋糖的熬煮。

4. 組立栫桶（箍栫桶）：約 1 至 2 人，負責將栫板抹油並組立成栫桶。有經驗的老師傅通常可獨自完成，但當製作量大，米糕栫桶數量多時，一旁有空閒的師傅便要協助。

5. 攪拌：負責將米糖攪拌均勻。攪拌的人數視製作量或拌桶大小而異，米量多時得動用大型拌桶，通常需 4 人合力攪拌，若米量較少或人手不足時，至少也要 2 至 3 人同時進行。由於糯米在加了糖後，瞬間黏稠度增加，導致攪拌不易，因此負責攪拌的師傅不僅要有熟練的技巧與充沛的體力，此外，還得要動作俐落，當一次多人同時攪拌時，也必須培養彼此的默契與協調。

6. 裝填：負責將米糕裝填入栫桶，有時量大為顧及裝填時米

糕的軟硬度，還得同時多組進行。大型的米糕栫裝填至少需 3 人，分上、中、下接續完成，由下面的師傅舀米糕，傳給居中的師傅，再由位於上方的師傅將米糕填入栫桶，由於裝填時米糕還處於高溫狀態，過程中，師傅們的手與臉經常會被蒸騰的熱氣薰得一片通紅，因此必須耐得住高溫與熱氣。此外，位居中、下方位置的師傅們身手則須敏捷，搶在米糕軟硬度適中時迅舀起、傳遞，而在上方者除了裝填外，還得有足夠的力氣以長竿將米糕搗實，因此看似簡單的工作，實則卻頗為費力，十分辛苦。至於小型的米糕栫則 1 人可獨立完成，有時會由拌米糖者相互支援。

早年黃家大致以此分工方式進行，除了自家兄弟 3、4 人，以及央請數名鄰居幫忙外，再固定由崙仔頂雇請 4、5 人，每一場製作下來約需十來人，可謂陣容龐大，師傅們穿梭於各自工作崗位上，其身影常將普濟殿前廟埕擠得十分熱鬧！

有溫度的人情，來府城打個工

黃家米糕栫早年因製作量大，加以自古米糕栫並無女子從事之例，族內女性並不參與，因此「調工」便成了旺季裡的常態。「不是女人不能做，主要是因為這些工作比較粗重，耗費體力，所以比較不適合…。」外界常誤以為米糕栫是祀神或普

圖 139：早年黃家製作量極大，
拌桶也大，通常得出動 4 人，
現在則多以 2 人一組拌米。

圖 140：裝填一次須 3 人上、
中、下接力進行。

度祭品，故忌諱女性參與製作，黃銅山解釋並非如此，乃礙於米糕栫製作時的搬搬扛扛、翻攪裝填，無一不是粗重功夫，極需要充沛的體力，且受到傳統「男主外、女主內」觀念影響所致，黃家的女性仍以操持家務為主，從無女性協助製作，也因此每當旺季，人力的需求便成了極重要的課題。循慣例府城的普度自農曆 7 月起便陸續展開，故多於 6 月便開始製作，直到 8 月底整個普度大致告一段落才結束，長達 3 個月的密集開工期，且為應付龐大的市場需求，因此多雇用短期的工人前來幫忙。黃銅山的姨丈翁老金是新市崙仔頂庄民，崙仔頂位於新市區港墘里，舊時先民於附近潭頂溪畔的小丘結庄聚居，因地勢稍高，故稱「崙仔頂」。早昔當地居民皆務農為生，種植稻米，農曆 6 至 8 月間正值農閒，當時便在翁老金的引介下，延攬了一批空閒的農人前來幫忙，「另一方面也是因為米糕栫是粗重工，他們作穡人（tsoh-sit-lâng，指農人）平日裡勞動慣了，對於體力性工作也比較能輕鬆應付…。」繁重的工作對平日慣於勞動的農人們而言是駕輕就熟的事，又能於農閒時兼職打零工，增加收入幫補生計，可說是一舉兩得！

　　黃家自早從新市崙仔頂雇請一批師傅前來幫忙，這群長者們最初單純可能只為改善經濟，同時也不令勞動力中斷與浪費時間，而於農閒時前往黃家幫忙，「在那個年代，草地人一方面可以來市內賺錢，一方面又有機會進到城裡走走看看，也是

很「鑠拍」（siak-phah，指得意）的事。」普濟殿前黃家位於舊時城邊地帶，人潮匯聚造就了當地的商業繁榮，百業興盛，周圍又是舊城區的核心之地，可謂整個府城最熱鬧之處。早年對這些鄉下的居民而言，若無特別重要的事，鮮少有機會入城，而每年能有幾個月的時間進到城裡，工作賺錢之餘還能見見世面，增廣見聞，也是頗為光彩的事。也因此現今崙仔頂庄只要是比黃銅山年長一輩的長者，幾乎都曾來過黃家打工，甚至代代相沿。對於那些從事一輩子的師傅們而言，在步入老年後，還有人願意聘雇，也是自我價值的一種肯定，不僅成為這些長者的驕傲，更重要的是如此年復一年，無形中更積累出彼此間密不可分的情感。誠如黃銅山所說，每年開工期一到，電話一撥，能聽到對方的聲音便是一種安心與欣慰，如此心境，遠遠超越工作夥伴的關係，昇華成宛若親人般的情感了！

甚至在黃福星過世後，黃銅山驟時接手一度忙不過來時，這群老師傅們更主動前來支援，憑藉其多年的經驗，協助黃家能保持製程與工序的流暢，順利傳承。「那時他們很多人來幫忙，大家都熟悉怎麼做了，我幾乎只要負責算料跟送貨，很多事都不用擔心，一路走來就是這一份情感…。」如同米糕栦般有溫度的人情味，黃銅山至今回想起來心裡仍有一絲餘溫，十分感激！

從業師傅生命史

　　普濟殿前黃家米糕栚可以走過經年歲月，屹立不搖，除家族成員外，需要許多從業師傅的努力參與，這群師傅們雖無顯赫的背景與身分，卻以最切實的行動力默默付出，為米糕栚留下文化與技藝，使其能代代相傳，故此也將這些師傅們的個人生命史簡述紀錄，以茲感念。

圖 141：米糕栚（餞）製作時動員的人力與背後的凝聚力，緊繫著長者的記憶與情感！（關毓暉／提供）

一、翁老金（1926—）

日大正 15 年（1926）生，新市崙仔頂庄人，務農兼替水利會巡視水圳，為目前成員中最年長者。翁老金為黃福星之舅子、黃銅山之姨丈，最初因黃家製作甌需人手，在其動員下號召一批同庄庄民前來習藝、製作，自黃塗起，歷經黃家 4 代傳承，對於米糕栫的工序流程以至銷售皆十分熟諳，是少數能掌控全局者，因此晚近多由其發號施令，尤其在第 3 代黃銅山接手之初，更憑著多年的經驗，協助其步入常軌運作，讓供貨銷售得以順暢，是黃家米糕栫中極為重要的傳承者。

二、蘇枝生（1929—2013）

日昭和 4 年（1929）生，新市崙仔頂人，平日除耕種自家田地，也代理他人耕種，在翁老金的邀約下，從年少起便於黃家米糕栫學藝製作。其為人勤奮，動作俐落，學做米糕栫上手後，便負責主要的炊米與煮糖，在他穩健有條理的行事之下，能引領其它師傅按部就班的接續，順暢且有效率的完成工作。黃銅山常稱讚蘇枝生做

事勤勉且吃苦耐勞，十足有「臺灣人的精神」。蘇枝生為米糕栫奉獻六、七十年，也陪伴黃家走過 3 代，堪稱得上是黃家米糕栫的主軸人物之一。

三、陳雲南（1945—）

144

綽號「根仔」，新市崙仔頂人，務農為生，農閒之餘兼做其他工作，早期「白牌車」（即於車站或各地自行吆喝攬客的非法營業車輛）尚盛行時，也兼職白牌車司機。最初這批遠自新市而來師傅們多騎摩托車或搭車，後來在陳雲南招攬下，開始載送師傅們從新市前往城內製作米糕栫，因專門接送之故，常需在附近久候，之後陳雲南便跟著也投入米糕栫的製作，負責組栫桶以及拌糖，前後共約二十年左右。

四、翁雄輝（1948—2015）

145

新市崙仔頂人，跟隨蘇枝生那批師傅一起來黃家，負責擔扛、裝填以及開栫工作，因為年紀小蘇枝生十餘歲，在蘇枝生年紀漸長後，便由其負責比較費力的工作。

五、許榮村（1956—）

綽號「二齒」，府城人，原於眼
鏡工廠工作，後來工廠倒閉，適逢黃
福星掌業期間人手不足，住在水仙宮
附近的陳榮村因地緣關係便前往黃家
幫忙，負責打下手，與黃家既是主雇
關係，也可謂師徒。黃福星做事認

146

真，對底下的人頗有要求，製作時更是嚴格，陳榮村便直言「頭
家」很兇，好比他煮糖時若沒熬好，師父便會拿棍子打人，然
而黃福星雖然嚴厲，卻不會苛薄員工，只要將事情做好，師父
便會給予相對的酬勞，「那時的工錢不錯，而且頭家還會常買
東西給大家吃，對『辛勞』（sin-lô，指夥計）也不錯……。」
黃家給的工資算優渥，且黃福星也常犒賞夥計，因此陳榮村也
心甘情願的留在黃家多年，師徒之情亦算深厚。

六、黃溪宗（1947—）

綽號阿堂，居住於普濟殿邊，年
少時常與友人聚集在廟口，由於黃福
星為人豪爽，十分捨得買點心小吃請
廟口聚集的小夥子吃，所以每當米糕
栫生意忙時，只要一吆喝，這些熱心

147

的年輕人也樂意幫忙。阿堂因長年於廟口前觀看米糕栫製作，耳濡目染下對製程頗為熟悉，每當黃家缺工時，便常被黃福星叫來臨時幫忙，請他扛栫板或搬抬等較費力的粗活，如此持續數年。幾年前因其心臟不好，目前負責較輕鬆的裝填與傳接工作。

七、林水木（1947—）

民國 36 年（1947）生，新市崙仔頂人，陳雲南（根仔師）的鄰居。於 2013 年蘇枝生過世後，因人手不足，在陳雲南的引介下才找來幫忙，接替蘇枝生的工作，負責炊米煮糖，對於時間的掌握十分老練。林木水於前兩年中風，目前已退出製作。

八、王昭雄（1939—）

日昭和 14 年（1939）生，新市港墘里人，2015 年翁雄輝過世後代替其職務，王昭雄身材瘦小，動作敏捷且做事有方法，在黃家約製作 3 年後，因家人考量其年紀老邁而不再讓他製作。

九、李青純（1965─）

目前退休，因興趣與友人陳秋霞
參加由臺灣南方影像學會主辦的「家
鄉紀錄手──社區影像紀錄人才培訓
班」活動，最初是為繳交成果而選擇
以普濟殿前黃家米糕栫為拍攝主題並
前往錄影，後來不但紀錄片獲得「無
影藏──最佳臺南故事獎」，持續的

沉浸與拍攝，更讓原本就喜好傳統行業的她，對米糕栫產生高
度興趣，於活動結束後留下來幫忙，並與黃銅山結為好友。

李青純因影像紀錄，留下不少的影音資料，後來若有相關
單位要訪談或學生要做報告，黃銅山便會請對方與李青純聯
繫，而開工期間如遇媒體採訪，黃銅山無暇回應時，也多由李
青純負責接待與解說，儼然成為黃家對外的代言人。近幾年，
因老師傅相繼凋零，常面臨找不到師傅的窘境，李青純見聞習
染，索性也投入學習，「會撩下來作米糕栫，那真是始料未
及⋯。」李青純莞爾的說。

如今米糕栫只要一開工，尤其是農曆6月準備普度起，李
青純必定會到黃家幫忙，在一旁協助庶務性工作並兼紀錄，而
熟悉全套製程的她，在黃家工作量大時，也會投入製作，同時，
她更憑著自己的創意替黃家發想改良輔助工具，讓製作省力也

更有效率，成了歷來參與米糕栫製作的第一位女性。

其他協助者

黃家米糕栫除了從業師傅的付出外，還需要多名師傅協助，包括器具修繕與製作，以及配送人員，才能順利完成工作。

一、許平安（1939—）

臺南人，其父為人力拖板車工人，許平安國小畢業後便隨其父親，協助搬抬貨物，替人送貨。自黃福星那代起，許平安便開車幫黃家送米糕栫，長達數十年。許平安自幼起便累積豐富的送貨經驗，尤其載送栫桶時，更有一套能穩固堆疊且不損壞栫桶的技巧，當普度完幫忙收取栫板時更是謹慎不錯漏；加上與黃家配合多年，對於各大廟宇的地點，以及送米糕栫時該注意的事項，以至米糕栫費用的計算、收取皆很熟悉，因此頗獲黃家的信賴，直到2016年退休。

二、李東林

約50多歲，在許平安退休後，接續其任務幫黃家送米糕

桮。李東林為酒類經銷商，平時除送
酒外，偶爾也幫朋友送米，某次在送
米至黃家時，適逢許平安欲退休，便
被延攬來替黃家送米糕桮。目前量少
時多由黃銅山騎車親送，偶爾由李青
純協助；若遇農曆 7、8 月或建醮時，則由李東林專責送府城
地區的米糕桮。

三、孫伯興

油類販賣商，偶爾也兼職替人載送貨物，目前負責黃家府
城以外的米糕桮載送。

四、吳秋男（1942—）

臺南永興家具前任廠長，熟諳木
材特性且擅於木工製作，目前已退
休，因與黃銅山、李青純等為社大植
栽班同學，憑著多年的木工經驗，
替黃家判斷老桮板的修復方式，同時也替黃家修復老器具與製
作新桮板，雖非黃家米糕桮從業師傅，卻是不可或缺的重要人
物。

習藝與傳承

早年許多行業「學師仔」（oh-sai-á，擔任學徒）多半自年幼起便拜師，師父通常不會立刻就傳授技藝，學徒必須從雜務開始做起，甚至與師父吃住在一起，協助其生活起居，如此人身依附或擬家人的關係，日日相見，言傳身教，師父所傳授

圖 154：隨著老輩逐漸凋零，近年黃家每年幾乎都有新的夥伴加入製作行列。

的不僅是技藝，也包括人格品德，加上傳統學徒制的習藝過程非常刻苦，當學徒不僅要事事聽話，嚴守分際，多數還得歷經 3 年 4 個月的嚴格訓練，或幫師父工作至一定期滿，才能學成出師，獨當一面。

不過，由於米糕栫產業的特殊性，因此不像其他傳統技藝採學徒制，習藝過程也較為彈性，「要學這個技藝，前提必須要肚子顧得飽，先能養活一家子，才有人肯專程來學！」黃銅山一語中的，道出米糕栫一途的重點與困境。米糕栫非日常性食品，即便出現於常日裡，多半也是應普度才存在，儘管早年產品需求量大，但府城幾家業者的生產便足以應付市場需求，即便學成也難以賴此維生。「加上米糕栫一年製作只有幾個

圖 155：米糕栫非常日性食品，相對的技藝傳習也大大受到侷限。

月，期間密集的時間與勞力付出不說，更辛苦的還得忍耐天氣炎熱，以及沒日沒夜……。」開工期逢酷暑難耐，工作環境差，經常天未亮就得起床準備，卻要忙到祭祀結束開栫完畢才能收工，再者，終年勞逸不均的工作模式，無法有相對穩定的收入……，種種現實層面的因素，願意投入習藝的人始終有限！

因此，黃家米糕栫技藝傳承多半是靠家傳及非正式的傳授，優先透過家族的訓練與授藝，一來耳濡目染下，教者省力，學者亦快上手，再者，採家族習藝的方式傳承，既是師徒亦是父子，也令黃家的技藝更能完整保留並得以專精發展，無形間造就所謂「家其專業，以求利者。」而當人手不足或師傅短缺

時，需要雇工幫忙時，才傳習於外人。

　　黃家米糕栫並無固定的傳習模式，除了初學者剛開始得從淘洗、浸米或洗刷等工作做起，算是基本功外，接著便由有經驗的師傅口述與示範，學徒再透過觀察並從旁協助以汲取更多經驗，可謂「看工夫、學工夫」，直到能熟悉每一道工序，流暢的與其他師傅合力製作，便算習藝完成。而米糕栫的傳習雖然無嚴謹的師徒關係，卻極為重視彼此間的合作與默契，尤其過程中許多小細節往往攸關著成品的優劣與口感，仍需較資深的師傅憑其多年經驗掌控全場、發號施令！

　　隨著社會型態轉變，米糕栫的需求量不若以往，目前願意投入製作者愈來愈少，「早年比較有人肯學肯做，時代在變，這幾年連要找個肯做的師傅都很困難囉！」近幾年，眼見著老一輩的師傅逐漸凋零，或因年紀老邁，體力不堪負荷而一個個退出，儘管黃銅山已將

圖 156：黃銅山將米糕栫技藝傳習給兒子黃國烜。（李青純／提供）

整套的製程傳授給從事測量的兒子黃國烜，「但是米糕栫絕對不是一、兩個人便有辦法製作的⋯⋯。」得群力合作才能完成的米糕栫，人力始終是最大的問題，目前多由黃銅山的友人前來幫忙，或透過他的人脈找師傅製作，然而，此難題若不克服，也令黃銅山十分憂心！「無法維生的行業，是傳承上最大的難題！」面對時代變遷勢必要轉型，如何讓米糕栫在不失傳統之餘又能開創新路，市場穩固了，才有人願意學、肯接續做，方能使技術延續、技藝得以傳承。

第四節　經營模式、銷售與分布

一、經營模式

　　米糕栫除了應普度場合祭祀之用外，也會因神明誕辰或其他信仰慶典之需而製作，此外，早年嫁娶場合中會使用的甜米糕（米糕豆）亦是黃家製作的品項之一，這些食品雖有特定時機，但因為細項與規格的不同，所以幾乎無法先製後售，皆採預訂制，以接單方式經營，且必須到達一定的量方可承製，「以前至少要上百斤才開爐製作，雖然現在用量愈來愈少，但至少也要4、50斤才能做。」隨著時代改變，也因時制宜的調整。最早黃家米糕栫的經營僅在普度時節，通常於農曆6月開始製作，以應7月初的普度，而因各廟宇或主家的需求不同，採預

訂客制方式製作。米糕栫以臺斤或栫桶的尺寸計，而米糕龜則以舊時五穀米糧等容積單位，以「石」、「斗」……等計算。通常廟宇或主家告知所需的米糕栫尺寸與數量，由師傅製作，待製作好後送達普度場，再收取款項。一般而言，大型的栫桶因需置放於普度場到祭祀完畢才收回，還會視栫桶大小酌收押金。而米糕龜因有底板、龜身支架等製作問題，因此要更提早預訂，且必須先繳訂金，「早年很多訂了米糕龜卻沒來取貨的情形，米糕龜塑形後變硬，也難再改變形式重塑，如果客人沒來拿，只好自己敬獻神明……。」米糕龜完全徒手製作，頗為

圖157：米糕龜以徒手製作，頗為耗時費工，不但要事先訂製，還得預付訂金。

耗時費工，為了避免造成額外耗損，黃家才立下米糕龜需先付訂金的規矩，待米糕龜製作好，買家來付款後，再將米糕龜載走或由黃家親送。

　　米糕栫是普度的必備祭品，往昔甚至有視米糕栫大小與數量多寡來論斷普度規模，故多以整支栫桶的形貌供貨，當時運送與交貨也有一定的程序，「米糕栫不是製作完扛到普度場就好，還得先去看『腳路』（kioh-lōo，指施工的空間），看怎麼放才好。」普度場中的米糕栫通常矗立於整排供桌最前方或各個角頭行列之首，因此於交貨前，師傅必須先前往普度場看場地與空間，確認擺放的位置，以利當日送貨。「早年安平的用量很大，當時都是切好放在大的魚簍內，以麻繩綑綁去交貨。」黃銅山回憶，早昔安平地區訂製的量大，欲送往時，一部分還得分切好放在魚簍內，以肩挑方式交送。「最早如果從五條港附近要送貨到上帝廟，聽老一輩師傅說，那一段路是很拼命、很吃力的……。」府城古諺「上帝廟垁墘，水仙宮泥錢[16]」，意指北極殿的廟垁比水仙宮廟簷還高，鷲嶺是府城地勢最高之地，聽老師傅說起當時要從普濟殿處扛米糕栫到北極殿，因地勢高低差，一路的上坡，光徒步行走便頗為累人，就莫說還要扛米糕栫、桶架等重物，更是極其費力，由此也可知

16　「泥錢」即指屋簷。

圖 158：早年黃家將米糕栟分切好放在魚簍內，以肩挑方式交送。（黃銅山／提供）

圖 159：大支或米糕栟數量較多時，則出車由師傅專門載送。（李青純／提供）

當時送貨的艱辛。黃家送貨，從最初完全依靠人力徒步扛運，到後來送城外的喜樹、鯤身、灣裡一帶，開始以拖板車、牛車載送，到了 60 年代有了機械引擎為動力的拼裝車，即俗稱的「鐵牛車」後，也曾以鐵牛車送貨……。這一路走來隨著時代變遷，黃家的運送工具也隨之演進，見證了時代背景，彷彿是一部生活史的縮影！

　　早年黃家米糕栫的銷售範圍多於府城內，當時米糕栫用量大，據聞農曆 6 至 8 月的開工期，光府城內生意便應接不暇，不過，早年偶爾也有外地廟宇慕名前來訂製，「我爸那一代，便曾帶著家私（ke-si，工具）坐火車，一群師傅去臺東製作。」當時在盛情難卻下，也曾權宜之計的以類似外燴方式，由師傅們攜帶器具，應聘前往臺東製作，也足見當時黃家的一度榮景。目前，黃家米糕栫因礙於載送問題，經營範圍仍多以臺南地區為主，外縣市較少承接，且因人手逐年減少，多改多由廟方或買主自行載運，僅少數固定配合多年的廟宇，如南天府、安平金龍殿、喜樹萬皇宮普度，以及鹽埕北極殿等廟宇建醮時，黃銅山才會特別安排人力載送，「其實現在都盡量說服對方讓我們事先分切好，雙方都比較方便。」以前 7 月民間自發性的普度會興盛時，為祭祀之便，曾發展出由主事者事先收費，代為準備祭品的模式，當時米糕栫會先分切好，按每一份預計的重量裝袋，再將其他普度祭品以一人或一戶一份（或一

圖160：南天府的普度規模盛大，與黃家彼此配合多年，至今黃家仍維持親送。

圖161：每年南天府普度後，黃銅山必定領著一班師傅前往開栫。

盆），於普度後由信徒直接帶回，接近今日社區普度的形式，不但方便，更省卻了普度後還要等待開栳分發的時間，故目前黃家多採此模式經營銷售。

二、銷售與分布

米糕栳的販售模式採訂製，非一般買了即走的商品，通常師傅會詳記訂單，以作為備料及送貨依據，因此留有完整的銷售紀錄。普濟殿前黃家米糕栳的銷售紀錄依年度計，紀錄內容包括訂購者、數量與尺寸款式，從這些紀錄不僅可知銷售對象（客戶別）、數量以及區域分布等狀況，作為今昔的對比外，透過資料更可窺知不同年代的消費型態與趨勢以及社會變化。

黃家米糕栳目前尚存最早的紀錄，為民國 76 年（1987）的銷售資料，自該年起幾乎每年皆有紀錄，因資料龐多，故從今所留存的資料中，擇取前、中、後期各 2 年，列出每年農曆 7、8 月普度期間的銷售數量與內容。如此選擇，乃因普度為例行性的祭祀活動，相較於不定期的醮典會隨著建醮規模而有不同的用量變化，普度所採用的米糕栳較少有異動或退訂的情形，年度之間的用量較為穩定，可作為觀察說明。不過，由於銷售紀錄冊上僅記載訂製數量，並未包含（1）預留量（通常會多做，以備臨時調度之用），（2）零售（因難以明確紀錄，

故不包含在內），（3）神誕場合用的米糕龜[17]以及嫁娶時的米糕豆、或其他客製化商品，（4）廟宇不定期建醮普度所用的米糕栫。加以部分資料礙於年代久遠或筆跡模糊，難以正確判讀，而未列計。因此，每年實際的製作量會高於銷售紀錄冊上所載的數量，尤其如逢建醮較密集的年度，米糕栫甚至會暴增，總量更為可觀。

【普濟殿前黃家米糕栫民國 76-77、90-91、100-101、106-107 年普度銷售總量紀錄表】

年度	當月銷售量／斤（7月）	當月銷售量／斤（8月）	合計／斤
民國 76 年（1987）	13190.5	6054.5	19245
民國 77 年（1988）	14689	6188	20877
民國 90 年（2001）	7809	2699	10508
民國 91 年（2002）	8416	1718	10134
民國 100 年（2011）	9530	1005	10535
民國 101 年（2012）	9606	918	10524
民國 106 年（2017）	7655	927	8582
民國 107 年（2018）	7778	987	8765

張耘書／整理

　　從銷售總量紀錄表可看出，普濟殿前黃家米糕栫在民國

17　米糕龜多為神明誕辰時用，普度時仍以米糕栫為主，僅少數於農曆 7、8 月間會訂製米糕龜，若於此期間內有訂製，則一併列計。

圖 162：普濟殿前黃家米糕栫
銷售紀錄簿。

70年代的銷售量，保守統計每年約有2萬斤，而據黃銅山表示，在其祖父、父親那代，即民國70年代前至80年代左右，每年包括建醮普度米糕栫以及神誕時的米糕龜，總量幾乎都高達2、3萬斤以上；至民國90年代，或因受到普度儀式的簡化與替代性祭品的出現，米糕栫整體而言有減量的趨勢；而到了近年（民國100年後），年度平均量約在萬餘斤左右，相較於早年，數量上更是銳減。

為了更清楚了解普濟殿前黃家米糕栫的銷售市場、數量及區域分布，筆者也擇取黃家前、中、後期各2年（即民國76-77、90-91、106-107年）農曆7、8月普度期間的銷售紀錄，整理銷售一覽表列於附錄，大致分析如下。

1.銷售對象與數量

從銷售一覽表可清楚看出，普濟殿前黃家米糕栫銷售對象

圖 163：安平金龍殿信徒訂製的大支
米糕栫。（李青純／提供）

圖 164：黃家米糕栫於昆沙宮的普度
場一字排開。

圖 165：現今宮廟的米糕栫多為切塊
分裝。

圖 166：也有店家或商號自行訂製於普度時敬獻祭祀。

以民間宮廟與傳統市場為主,其次為一般店家或餅店,此外,較特別的是,早年尚有以街、境為單位的街普、境普。

(1)民間宮廟

民間普度使用米糕栫作為祭品為府城特別的習俗,普濟殿前黃家米糕栫位於府城舊城區,為目前已知啟業最早的業者,市場佔有率極高,據黃銅山表示,早年府城內幾乎各大廟宇皆曾向黃家訂製,或由宮廟信徒所組成的「普度會」、「米糕栫會」等,以私人名義前來訂購,因此訂單數量十分龐大,民間宮廟可說是普濟殿前黃家米糕栫最大宗的客戶。近年來,個人(類似普度會的負責人)以及私人壇則有增加的趨勢。不過,相較於早年宮廟所訂的數量多,後來私人壇廟雖有增多的現象,但訂製的數量卻較少,米糕栫製作量因此不如往年。

(2)傳統市場

是普濟殿前黃家米糕栫另一個重要的銷售對象,府城的傳統市場自日治時期已奠下深厚的根基,至戰後再隨著臺灣經濟起飛,由農業轉向工商社會,以及政府政策推動下蓬勃發展,市場逐漸增加,且受到臺灣民間普度習俗影響,多數市場也有各自的普度,即所謂的「市仔普」,因此有相關的祭品需求,普濟殿前黃家米糕栫自然成了傳統市場普度時所用米糕栫的供

應商。由銷售明細來看，幾乎囊括了當代主要的市場，包括民生市場、大港寮市場、延平市場、建成市場、青果市場、復興市場、南臺市場、保安市場、建安市場、鴨母寮市場、開元市場、新興市場、一筆市場、東安市場、小康市場、水仙宮市場、大菜市、小東市場、友愛市場、公園市場、新興市場、光明市場、崇德市場，以及鄰近區域的五王市場與新化市場等。尤其成立較早或規模較大的市場（如東市場、友愛市場、水仙宮市場等）還出現以舖戶別前來訂製，新興的市場（如開元市場、保安市場）則以市場內的區位或樓層區分，而從份數來看，幾乎大部分攤商都採用，整個月普度下來可高達好幾千斤，銷售量不容小覷。不過，這樣的景象，約至民國 90 年代，隨著傳統市場的消逝，用量上也急遽萎縮。

（3）一般店家與餅舖

普濟殿前黃家米糕栫亦不乏各行各業，如銀樓、布商等商家採購做為普度之用。此外，也有餅店前來訂製或長期配合，如早年松香餅舖、金加紅龜店等皆向其訂貨，目前長期配合者為振來發餅舖。透過餅店業者，得以讓米糕栫推廣至外地。較特別的是，因有這層關係，自黃福星那代起，部分廟宇或市場，如普濟殿、鹽埕北極殿、早年市農會（今果菜市場）、開元市場等，前來訂製米糕栫時也會委託黃家備辦其他的糕粿祭品，

普濟殿前黃家米糕栫雖非以餅舖為通路大宗，但與餅舖間卻也建立起相互依存、共榮共生的關係。

2. 銷售區域分布

　　普濟殿前黃家米糕栫早年銷售範圍多以府城為主，近幾年則逐漸擴延至周邊的鄉鎮區域。整體觀之，目前除少數客戶為外縣市地區外，仍以大臺南為主。「以前光府城內的量就已經很大，根本應付不到城外的地方！」早年府城普度有米糕栫需求的宮廟不僅多，且單一宮廟量大，龐大的量讓黃家幾乎無暇拓展城外的市場，再者米糕栫本為府城內普度的傳統祭品，府城外仍罕見採用，因此銷售區域仍多以府城舊城區，最多至原臺南市為主。其後，透過人的流動、宮廟間的交流或祭品借鏡等因素，也逐漸開始有外地的訂單。因資料龐多，筆者於書中僅列出部分年度之資料，然而從黃家整體銷售紀錄觀看，民國90年至100年間，每年所交貨的數量差距不大，僅在廟宇部分有些許消長，如民國92年普度便新增了進安宮、明善堂（私人壇）、鳳山宮等，民國93年7月普度則新增海安宮、濟佛宮、慈安堂、成德社區、阿娟肉粽、國華街停車場等，民國94年新增廣靈堂、灣裡、歸仁仁壽宮、金龍殿、大林天元宮、安平伍德宮、另開始有外地如楠西等地民眾前來購買。民國95年新增法主公廟、天馬山敬皇宮（楠西）、大寮玄良亭、清保宮

圖167：一般人家多前來零買，每年都會多做一些零售，現在則多寄放在黃家託鄰居賣。

圖168：目前訂製量仍十分固定的廟宇為南天府與鹽埕北極殿。（李青純／提供）

（新市）、竹篙厝上帝廟、小東路福德祠、萬年殿……等，民
國 96 年則增加下營連表代進宮、崙仔頂、中營、辜婦媽廟，
民國 99 年新增南區老人會、惪華殿，民國 100 年新增，糖安宮、
梅鑫海產店、善化慶安宮、米街廣安宮、檨仔林、道署關帝廳、
阿蓮薦善堂等。而近幾年則不乏來自北部宮廟或工廠的訂單，
由此可見，今日普濟殿前黃家的米糕栫遍布較昔日廣，也顯示
已有向外推廣，更為人所知的趨勢。

第五節　創新與願景

　　過去，普濟殿前黃家米糕栫如同許多傳統技藝，專注且執
著於製作，直到 2012 年臺南社區大學前往採訪紀錄，意外開
啟了黃家米糕栫的新局面，在各界的關注下，黃銅山也從受環
境影響下的被動者，轉變成展開實踐的主動者，為黃家米糕栫
帶來創新與願景。

社大拍片啟契機，文資審議喚醒米糕栫的文化魂

　　「一開始是無意間在網路上看到老師傅製作時的照片，覺
得很震撼！因為另一位學員阿霞就住在普濟殿附近，我們才前
往觀看。」臺南社大學員李青純說。原本在此之前她與另一名
學員陳秋霞從未聽過米糕栫，因緣際會的在網路看到米糕栫製

圖 169：2012 年，臺南社大學員前往拍攝紀錄片，關注逐漸失傳沒落的米糕栦行業。（李青純／提供）

圖 170：「米香裊裊──記憶米糕栦」紀錄片，獲得「家鄉紀錄手」最佳臺南故事獎。（李青純／提供）

圖 171：2018 年，臺南市文資處邀集學者專家至普濟殿前黃家米糕栦進行訪視。

圖 172：如同這群老師傅，米糕栦也是一種有生命、有歷程的東西。（李青純／提供）

作的照片後，深受感動，對傳統產業向來十分感興趣的她們便相偕前往，觀看後決定以米糕栫為題材，展開紀錄片拍攝，那一年，更以「米香裊裊——記憶米糕栫」紀錄片，獲得「家鄉紀錄手」佳臺南故事獎。紀錄完成後，李青純並沒有隨著紀錄片拍攝結束而離開，因為對傳統技藝的一股喜好與熱情，反而讓她自此留在黃家義務幫忙，更與黃銅山結為莫逆。2013 年，臺南市文化資產管理處有感於米糕栫（餞）為府城普度特有的祭品，極富獨特性且具有特殊文化意涵，邀集學者專家前往訪視，並將米糕栫（餞）技藝提送臺南市「民俗及有關文物審議委員會」審議，儘管目前尚未通過文資審議，[18] 但卻喚起業者對自身技藝的檢視與重新思考，進而珍視米糕栫（餞）產業。

跳出框架，埋頭努力，也要昂首跨步

米糕栫（餞）為特殊技藝，自早便有不少平面媒體前往黃家採訪，然而多為片段報導，2013 年，黃家米糕栫接受臺南市刊的專訪，初次有較完整的報導紀錄。2014 年，第 3 代負責人黃銅山更首度透過分享會對外介紹米糕栫產業，「第一場是在安平木公生活洋行，當時於現場進行分享外，還讓民眾親

18　臺南市文化資產管理處曾訪視米糕栫（餞）業者 2 次，分別為 2013 年與 2018 年，2013 年審議結果為列冊；2018 年現場訪視（普濟殿前黃家米糕栫），目前進入審議會審議。

身體驗製作米糕栫及創意 DIY 活動。」那次的分享會獲得不小的迴響，同時，在李青純的協助下，開始為黃家建立影像紀錄，「過去，這些師傅們就是很專注的製作，卻沒有人幫他們拍照紀錄！」為了幫這群埋首努力的師傅們留下身影與回憶，李青純拍下每一次製作的照片，並記下每一場的分享活動，同年 7 月，她更幫黃家成立「米糕栫——府城普濟殿前黃家」臉書（Facebook）粉絲專頁，開始於社群網站分享黃家米糕栫的製作訊息與動態，並不時介紹黃家米糕栫的技藝與產品，同時透過臉書與網友進行互動，更開啟年輕一輩的市場，「不然，米糕栫（餞）以前都是要稍微有年紀的人才會知道啦……！」黃銅山與李青純異口同聲地說！最初，李青純只是在粉絲頁上分享製作訊息，讓有心想了解的民眾能前往觀看，直到 2014 年年底才開始透過臉書不定期開團製作販售，平衡淡旺季訂單與銷售的落差，讓技藝不至於消失，生計也得以維持。

莘莘學子創意，米糕栫展新意

2014 年夏天，南臺科技大學與臺南應用科大視覺傳達系的學生，不約而同地前來黃家進行畢業專題製作，自此，黃銅山每每有製作便通知學生前來，「就是要讓年輕人知道這個行業，不僅是米糕栫，也包括府城的傳統，無論是普度文化、米食或器具，希望年輕人能更了解過去的生活型態與樣

圖 173：過去，許多傳統技藝乏人紀錄，在李青純的拍攝下，黃家米糕栫才開
始有完整的影像紀錄。（李青純／提供）

圖174：2014年，普濟殿前黃家米糕栫正式成立臉書（Facebook）粉絲專頁。

圖175：「米糕栫 —— 府城普濟殿前黃家」 臉書（Facebook）粉絲專頁。
（Facebook 截圖）

貌⋯⋯。」對於年輕學子想涉入了解或製作報告，黃銅山總是二話不說的極力解說與協助，這群學生先後在黃家待了一年的時間，也因為深入了解米糕栫的文化，才設計出既實用性又兼具形象的作品，不僅分別拿下臺南市政府文化局「第四屆臺南創意新人獎」包裝設計類首獎，以及「A+創意季新秀設計獎」視覺傳達設計類銀獎，將創意呈現在視覺與包裝上，甚至進一

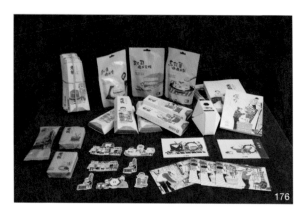

圖176：南應大的學生除了幫黃家繪插畫，還設計一系列米糕栫文創商品。

步發想出膠帶、卡片、貼紙、線裝小書等文創產品，在傳承傳統技藝與文化之餘，也希望能滿足精神層面的渴望，促使米糕栫往精緻文化與藝術創造發展，學界的介入，也讓黃家以「米糕栫」正名，為日後創新之路奠基。而這群學生為感謝黃銅山的協助，有一年在黃家趕製南天府大量米糕栫時，還曾經回來幫忙分切、包裝，「無論是新市的師傅或這群學生，對米糕栫都是很有感情的，不是工作結束或任務完成就走人，所以說米糕栫是個很有人情味的行業！」黃銅山十分有感地說！

　　近幾年，黃家米糕栫陸續應接許多活動，包括商展與分享會，於各式活動場中提供米糕栫作為點心，讓米糕栫從供桌走向常民點心，增加米糕栫的「曝光」機會，或於分享會上推

廣米糕栫文化與美食。之後，在大學或相關計畫的推波助瀾下，[19] 更延伸觸角，結合社區或深化文化參與，希望將米糕栫技藝傳承給年輕族群，讓傳統技藝的相關知識深植在下一代心中，至目前為止，黃家米糕栫曾進行的分享會與重要活動如下。

【普濟殿前黃家米糕栫曾參與活動與重要記事】

日期	活動或內容	備註
2011	臺南社大「家鄉紀錄手」以米糕栫為紀錄對象	「家鄉紀錄手」成果發表，「米香裊裊—記憶米糕栫」獲最佳臺南故事獎
2013.08	臺南市文化資產管理處進行訪視，將米糕栫技藝提送臺南市「民俗及有關文物審議委員會」審議	
2013.12.02	南大附中前來黃家米糕栫進行「產業實務個案專題製作—府城老靈魂」	參與「產業實務個案專題製作競賽」獲第二名
2013.12.12	臺南市刊訪談	刊登於 2014 年 4 月《悠活臺南》（第 12 期）
2014.04.27	走巡鳳凰邀請到安平的「木公洋行」舉辦米糕栫體驗營	首次公開分享會
2014.05.30	臺中「王爺信仰特展」以米糕栫為伴手禮	
2014.07.25	成立「米糕栫—府城普濟殿前黃家」FB 粉絲專業	https：//www.facebook.com/goodmicomico/

19　如南臺科技大學 USR 計畫團隊的「文化底蘊的在地創生與傳播—府城 vs 月津」計畫，臺灣文化大學歲時課程等。

日期	活動或內容	備註
2014.08	南臺科技大學視覺傳達系—商品設計組以「普濟殿前黃家米糕栫」為主題，進行畢業專題製作	作品—「木存」獲臺南市政府文化局主辦之「第四屆臺南創意新人獎」包裝設計類首獎
2014.09	臺南應用科大視覺傳達設計系以「普濟殿前黃家米糕栫」為主題，進行畢業專題製作	・「老板米糕栫」獲「A+創意季新秀設計」獎視覺傳達設計類銀獎 ・「老板米糕栫」獲「2015全國技專校院專題實務競賽」佳作 ・2014.12.25 成立「老板米糕栫」FB 粉絲頁
2014.11.22	楊錦煌老師「王船攝影展」在臺南文化中心攝影展茶會（提供米糕栫當茶點）	
2014.12.12	出席「胖地 PunPlace」—「五十講」演講	
2014.12.21	「窩‧臺南」擺攤首度於臉書上販售真空包米糕栫	首次擺攤
2015.03.10	出席「南區國際光點—南區好店」分享	
2015.03.26	吾說文化出版社訪談	
	長榮大學大傳系專題報導	影音新聞獲「2015 年金傳獎」電視類新聞專題佳作獎
2015.05.22	富朗大飯店演講分享會	
2015.09.18	「府城普濟殿米糕栫」獲「in 臺南‧無影藏—2015 年臺南市文化資產影像競賽」佳作	
2015.10.19	「TEDxTainan」專欄訪談	
2016.01.08	政大學生訪談米糕栫	
2016.06.04	臺南文化創意產業園區分享會	

日期	活動或內容	備註
2016.07.27	煨・臺南、胖地藝文演講分享會（傳產百工第四場）	
2016.10.15	參加「瑞復益智中心愛心募款園遊會」義賣	義賣所得全數捐出
2017.07.07	彰化城隍廟訂製「壽」字米糕栫真空包賀神誕	真空包米糕栫首度成為神誕祭品
2017.07.11	竹篙厝上帝廟訂製真空包	真空包米糕栫首度用於建醮普度
2017.07.22	黑橋牌香腸博物館分享演講	
2017.09.01-2017.09.02	臺灣文化大學歲時課程「臺南普度文化面面觀」田野調查課程—「田野見學—普濟殿前黃家米糕栫」	學員走訪普濟殿前黃家米糕栫田調
2017.10.27	「文化銀行 Bank of culture」訪談	
2017.08.24	自由時報「周末版」訪談	刊登於 2017.09.02 報紙
2018.01.21	「巷由心生」文史工作坊分享會	
2018.05	臺南藝術大學藝術史學系文化資產概論課程訪談米糕栫	
2018.07.20	「廟埕傳講米糕栫」普濟殿廟埕分享會	首度於民間宮廟分享南臺科技大學 USR 計畫團隊主辦
2018.08.31	臺南市文化資產管理處進行訪視，將米糕栫技藝提送臺南市「民俗及有關文物審議委員會」第二次審議	
2018.09.02	鳳凰城文史協會來訪	文化交流活動
2018.10.13	臺南市文化資產管理處文化資產月「記憶流水席」活動（提供點心）	

日期	活動或內容	備註
2018.11.03	「廟埕傳講米糕栫」普濟殿廟埕演講與實作分享會	南臺科技大學 USR 計畫團隊主辦
2018.11.12	南臺科技大學 USR 計畫「記憶・技藝功夫傳承—米糕栫與慕紅豆的邂逅品味會」	
2019.05.22	「廟埕傳講米糕栫」普濟殿廟埕演講與實作分享會	南臺科技大學 USR 計畫團隊主辦
2019.09.22	2019 臺南市文化資產月—「糕餅歲時記」米糕栫體驗活動	臺南市政府文化局主辦
2019.12.14	蔡英文總統臺南競選總部成立活動	

張耘書／整理

177

圖 177：出席「胖地 PunPlace」——「五十講」演講。（李青純／提供）

圖 178：臺灣文化大學歲時課程「臺南普度文化面面觀」課程海報。（圖片來源：臺灣文化大學 https：//twcu.culture.tainan.gov.tw/。）

圖 179：2018 年「廟埕傳講米糕栫」活動海報。（圖片來源：南臺科技大學 USR 計畫團隊「文化底蘊的在地創生與傳播」https：//wenhuadiyun.cc/。）

圖 180：2019 年「廟埕傳講米糕栫」活動。（李青純／提供）

圖 181：南臺科大 USR 計畫團隊與黃家米糕栫在普濟殿前進行「廟埕傳講米糕栫」活動。

圖182：黃銅山分享米糕栬技藝並帶領學生實作，展開一場技藝與美食的饗宴。

圖183：透過活動激發創意，讓傳統美食與現代甜點迸出新滋味。

圖 184：2019 年臺南市文資處舉辦「文化資產月—糕餅歲時記」活動，邀請黃家米糕栫至現場分享米糕栫（餞）文化。

圖 185：文資月活動讓民眾體驗米糕栫組栫與拆栫。

圖 186：國小學童在觀摩米糕栦（餞）製作後，完成的畫作。（陳芊宇／繪）

圖 187：蔡英文臺南競選總部成立活動，為黃家米糕栦進行開栦儀式，黃銅山也送上「高票當選米糕栦盒」預祝蔡英文總統高票當選。（黃家米糕栦／提供）

文化界與媒體關注下，黃家米糕栫的轉變

在各界的關注之下，黃家米糕栫也漸有了轉變，開始注重形象與工作細節，特別是加強師傅們的教育訓練，「這些師傅多來自鄉下，場地空曠，加上過去務農時較不受拘束，因此在動作上難免比較粗獷，如器具的擺放比較粗魯，講話嗓門比較大，或在服裝儀容上比較隨性……。」在媒體或外界來訪之後，黃銅山開始要求師傅們衣著得整齊，不可太隨便，動作放輕，並調整工序的細節。此外，也開始思索商品的呈現方式，如透過改良、創新包裝，以及拓展行銷通路與管道，讓老食品開創新局，引爆話題。更重要的是，黃銅山重新彙整米糕栫產業，同時學習面對媒體、接受採訪，並嘗試自己介紹推廣。加上李青純投入後不斷鼓勵與挹注新的想法，也影響黃銅山的態度「在這之前，一度覺得現在的人米糕栫愈用愈少，已經是沒落、近黃昏的生意，

圖 188：米糕栫在保有傳統的做法之餘，也改變包裝或行銷方式，創造新意與話題。

要完全消失雖不至於，但要有轉變又好像不太可能，感覺沒什麼未來……。」從過去默默的做，到媒體開始關注後，對黃家而言，最重要的轉變是重新燃起希望，老行業不是只能消逝在時代洪流中，要透過傳承、推廣、創新，展開實踐，進行一場自我挑戰與轉變，讓米糕栫邁向有態度的永續經營。

傳承 × 推廣 × 創新

黃家米糕栫受到文化界與媒體的關注，展開一場自我的省思與轉變，目前正致力於「技藝」與「記憶」傳承，「技藝的傳承或許是困難且有待克服的，但記憶的傳承可以展開與延續……。」為此，黃銅山積極的參與各項分享活動，透過推廣讓更多人了解米糕栫文化。而隨著普度場面愈來愈盛大，特別是建醮普度場地寬敞，各式大型擺設千變萬化、爭奇鬥艷，十分華麗壯觀，因此黃家也走訪普度場觀摩取經，「現在都布置成局，好像主題式呈現。」也引發黃家延伸整體布置的概念，研發了蝙蝠、古錢等造型米糕栫，或透各種不同尺寸、形式的米糕栫整體的陳設擺飾，形成「米糕栫專區」，不但增加米糕栫在普度場合的變化性，既有新意，無形中也能增加用量；也曾以米糕栫為支柱，上架板子如孤棚狀，再放置其它供品。此外，更針對不同場合客製化或創新商品，如製作米糕塔或各種茶食、點心。「不但如此，我們還想出米糕栫的創新吃

圖189：鹽埕北極殿建醮，喜樹萬皇宮掛主普，向黃家訂一套米糕栫與古錢。
（李青純／提供）

法……。」保傳統有食材與製作方法，藉由各種創意吃法來賦予米糕栫新的生命，跳脫早年米糕栫祭祀後多煮成粥給信徒分食，或以油煎當作點心的食用方式，米糕栫還可裹麵、粉沾、蛋液油煎，包餛飩皮油炸，或以烤的方式加溫烹調，甚至還突發奇想的佐巧克力醬、檸檬沾醬、花生粉等食用，或加入冰品中，成為冰甜點，創新吃法也為米糕栫開創一片新局。

老靈魂新生命，米糕栫未來 ing……

隨著飲食文化轉變，多元食品興起，米糕栫不復榮景，面對市場日益萎縮，近幾年，黃銅山也與時俱進的力求創新，「這

190

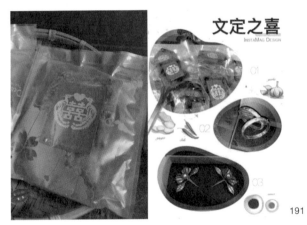

文定之喜
INSTAMALL DESIGN

191

圖190：臺南市文化中心曾舉辦王船展，委託黃家製作糖果包的米糕栫。（李青純／提供）

圖191：目前也在推廣12禮或6禮，或將米糕栫推廣運用於嫁娶彌月場合，拓展市場。（陳秋霞／提供）

是在傳統與改良間的一場拉鋸！」他觀察現代人的飲食需求，講求健康，所以除了減糖外，也必須更精緻化，「然而減了糖後，保存便更加不容易。」傳統的米糕栫在開栫後，切塊放入塑膠袋中販售，一連串接觸空氣的過程，往往降低米糕栫的新鮮度與香氣，且有衛生之虞，因此黃銅山將米糕栫計量分切，並採真空包裝，鎖住米糕栫的鮮度口感，同時也克服保存的問題。而有感於臺灣人與日本人一樣，對米食的接受度頗高，也有意將米糕栫研發為精緻茶食或伴手禮，透過宣傳與推廣，讓米糕栫不再是供桌與普度專屬，也能吸引更多人嘗試，接受這樣的飲食文化，更期待有朝一日黃家米糕栫能躋身臺南十大伴手禮，進而邁向品牌之路。

　　黃銅山積極致力於轉變，要讓米糕栫從「非常」走入「尋常」，讓逐漸黯淡的「老靈魂」，注入新的生命力與光彩，米糕栫的未來，依舊是一場永遠的進行式！

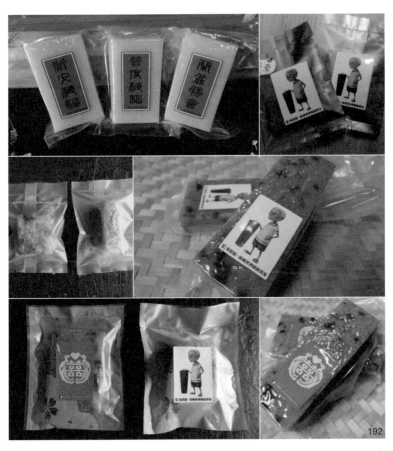

圖192：老靈魂，新生命，米糕栫可以是供桌上的記憶，也要能走入尋常，老味道才能繼續傳承！

第五章

本淵寮黃家米糕餞

第一節　歷史沿革

地　　址：臺南市安南區本原街 3 段 307 號

電　　話：06-2561120 ／ 0917515009

啟業年代：戰後

傳承表：

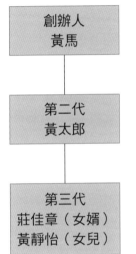

創辦人
黃馬

第二代
黃太郎

第三代
莊佳章（女婿）
黃靜怡（女兒）　（傳習中）

　　黃家米糕餞世居本淵寮朝興宮廟前處，第一代從業者黃馬（1934-2006）早年曾於府城鴨母寮市場[1]附近的餅舖習藝，「我爸爸那時跟誰學做餅我不知道，只記得他做過很多工作，清明時做潤餅皮、8月15就被請（tshiánn）去做月餅、過年炊粿，逢節日就做相關的食品，也做各種麵…。」父親的習藝歷程黃太郎並不清楚，印象中每逢年節，便應聘前往各餅店做應景食品，後來也做各式麵條，黃馬的手藝好，蒸糕製餅皆難不倒他，因府城早年尚有數家餅舖也承製米糕餞，推想可能於當時習得米糕餞技藝，在普度時節便順理成章的製作米糕餞販售。

　　「我們最早是在朝興宮廟前製作，後來家裡合院拆除新建樓房後，才在自己家門口做。」米糕餞是中元普度以及宮廟建醮時不可或缺的祭品，與民間信仰連結緊密，加上製作米糕餞的器具大，需要空曠的場地，黃家就住在廟邊，長期以來亦熱衷參與廟務，因此早年便於庄廟朝興宮前製作，每到農曆7、8月間，廟埕升起裊裊炊煙，師傅忙碌的身影來回穿梭裝填米糕餞，是廟埕最生動有活力的景象。

　　黃馬育有4子，二子黃泰山在高雄從事白鐵加工，三子黃太章早逝，四子黃泰玉從事家具業，僅黃太郎自年少便跟隨他學習米糕餞技藝，「做這辛苦又熱，幾個弟弟不肯學，那時我

1　鴨母寮市場位於臺南市北區成功路148號，創始於日治時期。

圖1：本淵寮黃家米糕餞今傳至第2代黃太郎之手。

圖2：今日自家門前騎樓即為米糕餞製作的場地。

【本淵寮與當地庄廟朝興宮】

　　本淵寮位於安南區，左接土城、右接溪心里，上接學甲寮與十二佃，下接海尾寮。日治時期分為兩保，今行政區為淵東、淵中、淵西3里，為安南區行政中心。現今的安南區在清初，除西邊外海沙汕（北線尾）外，盡是汪洋，昔稱「臺江內海」，自清乾隆年間，陸續有浮埔形成，嘉慶末年，始有居民進入本淵寮拓墾，道光年間，臺江內海陸浮，大片海埔新生地形成，清政府開放請墾，府城做篾街的優貢生黃本淵以墾號「黃學源」

招佃墾耕（當時墾佃包括來自高雄茄萣草寮仔的顏姓、七股後港的杜姓以及佳里外渡頭的黃姓），漸成聚落，故名「本淵寮」，為安南區發展極早之地。本淵寮居民以黃、顏、杜姓居多，早年多務農維生，種植稻米、甘蔗、番薯及蔬菜瓜果等作物，居民以本淵寮朝興宮為信仰中心。

本淵寮朝興宮主祀普庵佛祖、楊府太師，據廟碑記載，清乾隆 56 年（1791）有唐山過海二十餘戶漁民定居在當地沙洲「管仔埔」，並帶來梁皇武帝、普庵祖師、楊府太師 3 位神尊奉祀，於嘉慶 2 年（1797）搭建一茅草竹造廟宇，俗稱「王爺廟」。道光 7 年（1827）茅草竹造廟宇因年久傾圮，尊神移駕寄黃本淵收納年租辦公室（當地信眾稱「公厝」），延續膜拜，後於一次風災中吹倒「黃本淵」辦公室，相傳屋頂被吹落至今淵東里原廟址，庄民遂於該處籌建新廟，於道光 17 年（1837）落成，名「朝興宮」。日治時期，明治 38 年（1905）重建，昭和 7 年（1932）再改建。戰後，民國 59 年（1970）時曾拆除重建，之後每 12 年舉辦一次清醮，民國 96 年（2007）再重修為今日之廟貌。

本淵寮以朝興宮為中心發展，附近商家林立，提供當地居民各項民生服務，尤其廟埕自早為攤商聚集之地，目前每週又有固定夜市，因此吸引鄰近聚落居民前往，至今仍為當地最熱鬧之處。

爸爸有『引』（in，指招來）工作就一定要幫忙做啊！」米糕餞製作十分耗費體力不說，且工序繁瑣，農曆7月時正逢酷暑，炊米熬糖，拌米充填，樣樣得耐住炎熱高溫，黃家其他兒子皆不肯學，黃太郎身為長子，在旺季需要人手時，只能咬著牙從旁學、幫著做。十多歲時便到眼鏡工廠當學徒，也曾經在家代工幫人打磨眼鏡，後來學製鞋，直到退伍後開始販售鞋子，黃太郎未到而立之年便開店當老闆，或許正因自行創業，平日除打理店面生意，以及於夜市設攤賣鞋外，比起手足們有較多可彈性運用的時間，當米糕餞開始忙碌時，黃太郎便得一邊顧店邊製作，「我父親就做這個，我是老大沒辦法，只好承接下來！現在還有我肯做，接下來很難了，年輕人不太願意做這個囉！」坦言米糕餞是「吃不飽」的行業，特定的時機與場合才製作，一年開爐僅短短一、兩個月，收入始終有限，實在難以維持生計，因此也不太強求子女非得承接，只在一雙兒女閒暇時才會讓他們從旁協助。目前從事餐飲工作的兒子黃仁信與女

兒黃靜怡大致上都曉得米糕餞的製作與流程，而女婿莊佳章於
旺季也會返回幫忙，但距離獨當一面仍待時間磨練，加以年輕
一輩各有自己的工作，因此未來技藝與家業的傳承，是黃太郎
目前最憂心的問題！

圖3：本淵寮黃家米糕餞第2代黃太
郎本職為鞋業販售。

圖4：米糕餞是醮典普度中不可或缺
的祭品。

圖5：米糕餞一字排開，高聳矗立，
場面頗為壯觀。

圖6：本淵寮朝興宮前埕廣闊，過去多於廟埕製作。

第二節 製作與器具

一、食材

　　本淵寮黃家米糕餞以米、糖製成，原料單純，黃太郎堅持愈是簡單的食材，愈無添加物，材料更要仔細挑選，才能帶出米糕餞的天然氣味。本淵寮黃家米糕餞選用米質較 Q、具彈性的長糯米，米的年份不能太新，新米含水量充足，炊米時容易導致米心軟口感糊，也不宜太舊，以免放久或因保存不當而孳生米蟲或產生質變，黃家通常採用收成 2、3 個月至半年，色澤白、晶透飽滿的舊米，並且堅持臺灣在地生產的米，才能炊出 Q 彈黏稠又紮實的米糕。糖則選用甘蔗精煉的臺糖高級特砂，「現在的糖種類很多，米糕餞因為不放任何防腐劑或添加物，一旦糖添加了化學物，很容易就吃得出來…。」黃太郎表示，天然的糖純度高，甜度與風味自然，品質也較為穩定，才能確保製作出來的米糕餞味道滋甜香醇。

二、器具 [2]

　　本淵寮黃家米糕桴使用的器具可分為製作器具、塑形器具以及其他輔助器材。

2　此處器具名稱依本淵寮黃家米糕餞所指稱為主。

圖7：臺灣糯米黏性好，炊蒸的米糕即使放冷吃，米粒依舊Q彈。

圖8：目前黃家採用雲林一帶種植的米，並由固定供應商供貨，確保品質。

圖9：天然的糖純度高，甜度與風味自然，品質也較為穩定。

（一）製作器具

1. 炊斗

炊斗為早昔炊飯的器具，黃家的炊斗以杉木榫接成上大下小的圓桶，兩側有手把，底部有透氣孔，以利水氣透過孔洞進入生米，達到炊蒸效果。

圖10、11：炊斗以杉木榫接，不費一釘一卯。（上直徑 37cm×高 50cm×下直徑 50cm）

圖12：鐵鍋容量大，用來熬糖煮豆或炊蒸皆適宜。

2. 鐵鍋與爐具

鐵製鍋具因容量大，製作米糕餞時用來熬煮糖漿或豆類；大型的瓦斯爐具，主要用來炊米煮糖。

3. 拌桶與攪拌棍

用來盛裝並攪拌米、糖的容器，早年以木製箍桶作為拌桶，後來隨著各類金屬材質的桶子興起，加上米糖混拌時往往需用力翻攪，金屬材質較堅固且耐撞擊，後來改採白鐵製的大桶。攪拌棍為長形木棍，通常以兩支為一組，米糕量大時，以利兩人同時攪拌。

圖 13、14：拌桶與攪拌棍為攪拌米、糖的重要工具。

（二）塑形器具

1. 餞桶

餞桶為米糕餞塑形的器具，由 6 塊上窄下寬、狀如梯形、側邊略有稜角的木質餞板組成。由於餞板的形制頗為特殊，故多為訂製，選材則以氣味淡雅不過濃郁的木材為宜，且使用前皆須經「除味」程序，即以鳳梨皮煮水擦拭或浸泡餞板，去除木材氣味。黃家的餞板皆自上一代傳用下來，早年尚留有大支餞板，目前尺寸則為 100 斤、80 斤、70 斤、60 斤、50 斤、10 斤等，餞板經年使用下，略帶古樸韻味與歲月跡痕。

圖 15、16：各種尺寸的餞板與餞桶。

圖 17、18：箍桶篾以竹子削皮編製而成。

2. 箍桶篾

以竹子削皮編製成的圓圈狀箍桶篾，分大、中、小尺寸，用以套住餞桶，使其不易散開。

3. 餞心

取長竹竿作為餞心，於填充時放置於餞桶中，用來固定大支米糕餞的支撐棒。

圖19：餞心通常配合餞桶大小而有長短不同尺寸。（長92cm）

圖20、21：竹篩與濾網用來輔助淘米、濾米。

（三）其他器具

1. 竹篩與濾網

以竹篾編織而成的圓形的篩網，原作為篩選米類、豆類等穀物之用。製作米糕餞時，由於需盛裝糯米至炊斗，而竹篾之間所留的孔隙，十分適合用來瀝乾糯米多餘的水分，故以竹篩作為盛裝糯米的器具，濾網為輔助洗米的用具。

2. 蒸籠布、麻布袋

不經漂染、透氣佳的蒸籠布，用來覆蓋於炊斗底部或上方，有隔離、透氣與阻絕作用。麻布袋以天然瓊麻或黃麻製程，因孔洞大，透氣性佳，用來替代炊斗的上蓋，以利炊米時熱氣穿透與回流。

3. 磅秤

傳統自動秤，用來測量米、糖等原料，精準拿捏比例，確保成品品質。

4. 糖杓、水瓢、水桶

用來舀與盛裝米、糖的器具。鐵製、一體成型的杓子為糖杓，現代塑膠水瓢則用來舀水。

5. 粗繩

以麻編成的雙股粗繩，用來套緊炊桶，再以竹竿穿繩擔抬將炊熟的糯米倒入箍桶內。

6. 竹竿

用來擔抬炊斗，將炊熟的糯米倒入箍桶內。

圖 22：米糕餞製作時以麻布袋替代傳統的炊斗蓋，透氣性更佳。

圖 23：測量米、糖用的自動秤。

圖 24、25：糖杓、水瓢與水桶。

圖 26：粗繩用來套住炊桶，以利搬運。

圖 27：盛裝米糕的分裝盤，形制頗似供盤。

圖 28：木製的飯匙耐高溫且隔熱效果好。

圖 29：米糕餞 Q 黏，刀具以不沾為首要考量。

7. 分裝盤

不鏽鋼分裝盤，形制類似供盤，用來盛裝米糕，再裝填進米糕餞桶中的工具。

8. 飯匙

木製，匙面為寬方形，舀米糕入餞桶的工具。

9. 刀子

刀鋒輕薄，材質不沾，用來分切米糕餞。

10. 餞桶架

用來支撐米糕餞的鐵架，以厚實鐵條焊接組合的圓形米糕餞架，結構穩固，中間有圓孔，方便穿過餞心，以讓大支米糕餞桶能牢固佇立。

11. 推車

米糕餞的製作器具多數體積龐大且笨重，為節省力氣，須利用推車推載，同時推車也用來搬運糖、米等原料，以及製作完成的米糕餞。

12. 包材

黃家米糕餞以材質偏厚的透明耐熱塑膠袋為包材，塑膠袋韌性強、阻隔性與保鮮度佳，用來密封米糕餞桶底與封口，避免米糕餞直接接觸地面，或沾染灰塵，也確保米糕餞的新鮮與美觀。

三、米糕桴製程

自黃馬時代，米糕餞的製程幾乎不曾改變，大致包括以下工序。

圖 30：圓形的米糕餞架，為大支米糕餞的基座。

圖 31：過去以人力搬抬各種器物，今以推車載送。

圖 32：透明耐熱塑膠袋輕巧，使用十分方便。

1. 洗米

製作前需先洗米，隨著碾米技術的進步，目前稻米處理已非常精緻，只要稍加清洗，去除米粒中的雜質與異味即可。

2. 浸米

米至少需浸泡 2 小時以上，黃家米糕餞通常於清晨便開始

圖33：製作前須將米淘洗乾淨，去除雜質。

圖34：洗淨的糯米放置於濾網上瀝乾。

製作，故於前一日洗米後浸泡約一晚，若臨時有急單或增量，則以熱水浸米。浸米可提高米粒的含水量，讓澱粉完全糊化，增加糯米甘甜與黏稠口感，也加速於後續的炊蒸。

3. 炊米

炊米是整個製程中重要的關鍵，米飯的熟度與口感，攸關米糕餞的美味與否。目前黃家仍以傳統炊斗炊蒸糯米，「用炊的雖然時間會比較久，但炊出來的米Q彈好吃。」炊米時，將洗淨的糯米均勻倒入底部墊有蒸籠布的炊斗中（鋪蒸籠布

圖 35：浸米可提高米粒的含水
量，加速澱粉糊化，讓糯米彈牙
可口。

圖 36：吸飽水分的糯米粒粒分
明。

除抗黏、透氣外，也便於後續將米飯倒出），於外鍋加適量的
水，藉由炊斗下水鍋的水氣透過孔洞進入生米中，將米炊熟。
炊米時間端視米量多寡而定，黃家憑多年經驗判斷，總能拿捏
得宜。過程中，得留意保持適當火力，並適時的加水，直至米
飯整體受熱至熟，起鍋前還得觀察米飯是否熟度均勻，米心是
否熟透，若米心未熟則再灑水繼續炊蒸。

4. 熬糖

炊米的同時起鍋熬糖，炊米、熬糖同步進行，一來善用時
間，也能令工序流暢。熬糖是重要的步驟，除了糖與水的比例
適當外，火候也得恰當的掌控，熬糖時，水與糖的比例約 2 瓢

圖37：米熟了，接續著炊，黃家每次製作總要炊蒸好幾斗的米。

圖38：米炊到一定的程度後，要稍微翻鬆，讓周邊的米粒也能均勻受熱。

圖39：過程中還要適時的加水。

水（一般水瓢）配 30 斤糖，以大火熬煮約 1 小時，過程中還要不時的攪拌，避免燒焦，直到熬至適當的稠度即可。糖漿的濃稠度除了靠眼睛觀察外，在熬煮得差不多時，黃太郎會將少許糖浸入水中，再以拇指捏，憑手感判斷，直到帶有似麥芽糖般的展性即可。

5. 組餞桶

為充分利用時間，在等待炊米、熬糖時，同時開始組裝餞桶。餞桶組裝前得先於餞板上抹上沙拉油，以利後續脫模，而餞桶的組裝看似容易，實則不然，餞板在經年使用下，稜角通常早已磨平，容易滑脫，因此組裝上頗為費力，得仰賴經驗，通常由黃太郎親手組裝。將 6 塊餞板依序組合後，於餞桶上、中、下分別套上數個箍桶篾固定，最後再於底部套上耐熱塑膠袋作為墊底與隔離。

6. 拌米糖

於炊熟的糯米中倒入糖漿，將米、糖充分攪拌混合，直到米粒均勻布滿糖漿與入味，攪拌時還得留意力道與手勢，盡量不將米粒攪破，如此製作出來的米糕餞才能米粒完整分明，兼顧口感與外觀。

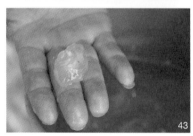

圖 40：糖與水須按一定的比例調配。

圖 41：熬糖過程中要不斷的攪拌，糖才不會燒焦，變成焦糖。

圖 42：熬糖的訣竅在於觀察糖漿的色澤與氣泡變化。

圖 43：糖熬至手捏後能略成凝固狀即可。

圖 44：以布沾油塗抹於餞板上，方便之後脫模。

圖 45、46：組餞桶通常由黃太郎獨力完成，太太再於一旁套上耐熱袋。

圖 47：餞桶組好還要套上箍桶篾固定，防止鬆脫。

圖 48：組餞桶要留意將餞板組至完全緊密，否則填入米糕後容易爆開。

7. 充填

待攪拌均勻的甜糯米稍微靜置到呈半凝固狀，便可進行充填。小支的米糕餞通常由一位師傅即可獨立完成，若大支米糕餞則需 2 至 3 人上、中、下接力合作。充填時，將米糕倒入餞桶中填滿，大支的米糕餞另外還得於餞桶中插入一根長竿為餞心，以便於後續的搬運與佇立。充填過程中需不斷以長棍將米糕搗實，藉由重力擠壓，讓米糕產生紮實與 Q 彈口感，直到

圖 49：剛炊蒸後的米飯粒粒分明。

圖 50：將炊熟的糯米倒入拌桶，頗為吃力，通常須兩人合力肩扛才能完成。

圖 51、52：將兩根攪拌棍交叉放置，頂住炊斗，讓糯米慢慢滑入拌桶。

圖53：迅速的將糖漿倒入熟拌桶中。

圖54：攪拌米糖頗為費力，若量多時，得兩人同時進行。

米糕填滿整個餞桶，最後再於餞桶上方拍打緊實，覆蓋上耐熱袋並以塑膠繩綁緊封口。

8. 靜置熟成

充填完成的米糕餞，呈封閉狀態，再經靜置熟成，能使米糕餞更有風味。

黃家靜置米糕餞的時間視糖量添加的多寡而定，「現在添加的糖少，無法久放，需盡快開餞；早年可放較多天……。」黃太郎說早年因為糖的份量足，保存時間得以較長，現在約 1

圖55：甜糯米稍微靜置到呈半凝固狀，便可進行充填。

圖56、57：最後於餞桶上方覆蓋耐熱袋。

圖58：覆蓋耐熱袋除了可防落塵或汙染外，也有阻絕空氣之效。

圖 59：充填完成的米糕餞，還需靜置幾日，才算完成。

至 2 天便要拆餞板，以免米糕餞腐敗或變味，靜置時，則放於
通風的場所，避免變質或口感變差。

9. 拆餞板

小支的米糕餞置於桌上拆餞板，中、大支的米糕餞則平放
於地上（地板鋪墊布），逐一將餞板拆開、取下，拆時需以慢
速拆開，避免破壞米糕餞外觀，再以刀子劃開米糕餞，取出餞
心。

10. 分切與包裝

大支的米糕餞需經分切成小塊（或整支矗立於普度場，於

圖 60、61：徒手逐一的拆卸餞板。

圖 62、63：拆餞板時須留意力道不可太猛，以免破壞米糕餞外觀。

圖 64：待米糕餞稍微冷卻後包覆上玻璃紙。

圖 65：再將包裝完成的米糕餞置於蛋糕盒上。

會後再行分切），小支米糕餞拆板後可直接包裝，通常於米糕餞外包覆玻璃紙，再直立放置於蛋糕盒上，最後貼上「普度植福」、「盂蘭盆會」等字，或加上各種裝飾。

11. 清洗與收存

米糕餞一年製作一次，為使器具能長期使用，每次用後皆需徹底洗淨，尤其餞板為木製，更要完全晾曬或風乾，才能避免蛀蟲或發霉，洗淨待乾後再收存於陰涼乾燥處。

圖66：最後再點綴裝飾，即大功告成。

圖67：分切後再包裝的米糕餞。

四、米糕龜製程

除了米糕餞外，黃家也製作米糕龜與豬羊等，通常用於神明誕辰祭祀敬獻，或民間宮廟乞龜之用。黃家的米糕龜（豬羊）的製作幾乎不假手他人，皆由黃太郎親手完成。製作時，先於底部墊一底板（早年以木板，今多以紅色珍珠板或塑料板墊底，增添喜氣），從最大部位的龜身開始塑形，將甜米糕覆蓋在預先製作好的龜身支架上，「米糕龜以畚箕為骨架，這樣才有身形高度，不會扁塌。」黃太郎表示甜米糕因質地軟爛，不好塑形，過熱無法徒手堆疊，若完全冷卻又過硬，製作起來十分費力，因此溫度的掌控很重要，為方便製作與強調米糕龜的身形高度，內部更必須以支架支撐，而畚箕不但能讓米糕透氣與散熱，達到延長保存的目的，也能塑造出殼身與龜首挺立的

圖68：最後，仔細清洗乾淨、晾曬乾後才可收存。

形貌。如此將龜身先行堆一層，待米糕稍冷卻後再繼續堆疊，層層堆疊出龜背的厚度後，再逐一堆出下巴、頸部、頭部與四肢等，堆疊過程得依米糕的溫度與軟硬度變化外，同時留意四肢、尾部的銜接與密合度，徒手修整至線條流暢，才能塑出龜首昂翹，龜身自然的美感。製作完成後，還得點睛，並加上細部裝飾，製成可謂十分繁複。米糕豬羊亦是，皆從最大面積的身體塑形，再依序完成頭與四肢，最後畫龍點睛的放上玻璃彈珠為眼，並以各式彩帶、塑膠花朵進行細部裝飾，無論米糕龜或豬羊完成後，還必須待其餘溫散去，才能進行封膜。

圖 69：米糕龜各家的作法不同，從龜的身形弧度、龜首仰角及裝飾物可辨認出自何人之手。（黃太郎／提供）

圖 70：除了米糕龜外，還有專為祝壽或祭祀而製的米糕豬羊。

第三節　經營模式、銷售與分布

　　本淵寮黃家米糕餞目前留存最早的紀錄，為民國 95 年（2006）的銷售資料，自該年起幾乎每年皆有紀錄，內容包括訂購者、數量與尺寸款式。筆者自目前所留存之紀錄，擇取前、中、後期各至少一年，將每年農曆 7、8 月普度期間的銷售數量與內容整理列表，唯不包含 1. 預留量（通常會多做，以備臨時調度之用），2. 零售（因難以明確紀錄，故不包含在內），3. 神誕場合用的米糕龜[3] 以及嫁娶時的米糕豆、或其他客製化商品，4. 廟宇不定期建醮普度所用的米糕桿，以及部分因礙於年代久遠或筆跡模糊，難以正確判讀的資料數據。因此，每年實際的製作量會高於銷售紀錄冊上所載的數量，尤其如逢建醮較密集的年度，數量則會明顯增加。

3　米糕龜多為神明誕辰時用，普度時仍以米糕餞為主，僅少數於農曆 7、8 月間會訂製米糕龜，若於此期間內有訂製，則一併列計。

【本淵寮黃家米糕栫民國 95、96、100、107 年銷售總量紀錄表】

年度	當月銷售量／斤（7月）	當月銷售量／斤（8月）	合計／斤
民國 95 年（2006）	6677	1490.5	8167.5
民國 96 年（2007）	7570.5	2162.5	9733
民國 100 年（2011）	8247	1889	10136
民國 107 年（2018）	8043	1648	9691

張耘書／整理

　　從銷售總量紀錄表可看出，本淵寮黃家米糕餞自民國 90 年代起，每年固定維持約 8 千至 1 萬斤，銷量大致穩定，並未有太大落差或減量的趨勢。不過，據黃太郎表示，在此之前，尤其民國 7、80 年代適逢臺灣經濟蓬勃時，米糕餞的製作量卻是頗大，「以前不但七月或建醮普度時用的量多，也常製作大支的，當時還曾做過約兩層樓高的米糕餞，請吊車專程來吊，再由我爬到二樓去裝填！」早年不僅普度期間民眾採用情況普遍，慶賀神誕時的米糕龜斤兩也足，若逢廟宇醮典，米糕餞的用量更是可觀，黃太郎回憶起有一年本淵寮朝興宮建醮，黃家族親堂兄弟榮任主會，父親黃馬為此特別製作巨型的米糕餞「裏贊」，還在地方上引起話題。往後，逢庄廟朝興宮普度或建醮，黃家總會「寄付」（kià-hù）米糕餞，一方面為庄廟盡一分心力，也兼收廣告之效。

　　為進一步了解本淵寮黃家米糕餞的銷售市場、數量及區域

分布，筆者也將民國95-96年、100年與107年之農曆7、8月普度期間的銷售紀錄，整理銷售一覽表列於附錄，並分析如下。

1. 銷售對象與數量

從銷售一覽表可清楚看出，本淵寮黃家米糕餞除了直接銷

圖 71：本淵寮黃家米糕餞銷售紀錄簿。

圖 72：本淵寮黃家米糕餞有固定供貨的廟宇與區域，自早以來銷量大致穩定。

圖 73：黃家早年製作量大，且以大支米糕餞為主。（黃太郎／提供）

售給民間宮廟與傳統市場外，大部分訂單來自餅舖，可謂黃家
米糕餞主要的銷售對象。

（1）民間宮廟

　　黃家歷來固定配合的宮廟包括媽祖宮、慶安宮、大埔福德
祠、神興宮、龍鳳宮，以及安平六角頭的靈濟殿、西龍殿、弘
濟宮、廣濟宮、文龍殿等數座廟宇，其他如海安宮、沙淘宮、
安平三靈殿、四草大眾廟、延平郡王祠、天壇、大興宮也曾前
來訂貨，此外，亦不乏私人宮廟，如保生殿、天保壇、南佑宮、

圖 74：總趕宮普度場用的米糕餞。

南聖宮，以及遠地廟宇的訂單。值得注意的是，府城內部分廟宇，如水仙宮、集福宮、元和宮、清水寺、興濟宮，以及中樓勝安宮等廟宇，早年皆固定或曾經向普濟殿前黃家訂製，後來（或近幾年）則轉向本淵寮黃家叫貨，或有向兩家業者分別下訂單的情形，顯見民間宮廟會因主事者更替、價格取向⋯⋯等眾多因素考量，而改變消費行為。

（2）傳統市場

　　由銷售明細來看，本淵寮黃家米糕餞配合的傳統市場包括和緯市場、文賢市場、開元市場、大港寮市場、果菜市場、小康市場、鴨母寮市場、保安市場、東市場、大東市場以及小北攤販等，從昔至今銷售對象頗為固定，僅米糕餞的數量上有異動，最明顯是早年菜市場因攤商較多，普度熱絡，當時銷量較大，後隨著傳統市場逐漸式微，攤商減少，米糕餞的用量才跟著減少。不

圖75：大東市仔普由大東夜市業者及假日攤商等共同舉行，圖為普度時用的米糕餞。

過，由於傳統市場所販售的物品種類繁多，保留了較多傳統的商品，也反映在攤商的祭祀文化上，習慣性選用較具古早味的祭品，因此米糕餞普遍被使用，至今仍有一定的銷售量。

（3）餅舖

傳統餅舖為本淵寮黃家米糕餞重要的銷售對象，每年透過餅舖販售的數量十分可觀，府城多數餅舖，包括益士林餅舖、舊來發餅舖、新永珍餅舖、瑞香珍餅舖、富發餅舖、松香餅舖、富盛餅舖、金義珍餅舖、振香珍餅舖、寶來香餅舖、味芝鄉餅舖、明香餅舖、元豐餅店、海尾餅舖、義芳餅舖、明興餅舖等皆曾向其訂製，「早年交的餅店更多，包括萬香餅舖或歸仁餅店……等都曾來拿貨，我爸爸本身就是餅舖『學師仔』出身的，一些餅店都會來訂貨……。」或許因黃馬自餅舖習藝出身，與糕餅業者的關係良好之故，早年與黃家合作的餅舖甚多，幾乎囊括府城大部分業者。餅舖的訂單多，除了與黃馬生涯歷程與人脈有關外，可能也因另一家業者（普濟殿前黃家米糕栫）啟業早，府城地區多數宮廟自早便為其忠實客戶，市場地位難以撼動，而餅舖則多有成本與利潤考量，本淵寮黃家米糕餞在價格上略為便宜，因此餅舖業者便轉向其訂貨。透過餅舖銷售不僅讓黃家的銷量更為穩定，也較容易將米糕餞推廣至外地，如透過益士林餅舖，使得米糕餞也成為北部普度的祭品。若就數

圖 76：黃家米糕餞的客群以餅舖與相關業者為大宗。

圖 77：交送餅舖的米糕餞，多數由業者自行前來載貨。

量觀察，餅舖訂製總量雖多，但單份多為 1、2 斤，此外，前來訂製多於特定時間，推斷可能為個人祭祀或固定宮廟祭祀之用。

2. 銷售區域分布

　　本淵寮黃家米糕餞的銷售範圍多集中於安南區與原臺南縣地區，推論可能因地緣之故，以及黃家的積極拓展有關。黃家自早居於朝興宮前，與廟方關係良好，在黃馬致力參與廟務與人際交陪之下，安南區境內宮廟若逢普度或建醮時常能接獲訂單。此外，早年黃家亦曾前往外地製作，「以前是對方出米、糖，我們負責出工，帶著器具前往製作。」當時黃馬為拓展業務，更主動向鄰近鄉鎮的宮廟爭取訂單，如安定的港口、善化小新營庄建醮，黃馬便前往與廟方主事洽談，招攬生意，因此

也為黃家培養不少長期客戶，甚至後來包括鄰近的香科，如土城仔香、西港香等香科祭典，或安定真護宮王醮祭典，香境內的角頭或醮場也都會向本淵寮黃家訂米糕餞，在黃家積極拓展下，米糕餞也逐漸跨越到其他地區。

第四節　傳習與未來

製作與分工

本淵寮黃家米糕餞雖為兼職製作，不過由於是幾近獨占的技藝，因此每年仍有一定的產量，往往必需雇工協助製作。黃

家米糕餞並無固定的人力編制，而是採彈性分工方式，通常約4至5人（有時得依製作量增減人數）合力完成，由黃太郎指揮全場並主力製作，其妻黃秀鸞從旁協助，另將較簡易、技術性較低的工作交給「下手」（ē-tshiú，作業流程中屬於下游層級的人）。製作前，黃太郎夫婦得先著手整理工具、準備食材，特別是餞板，平日幾乎不使用，因此製作前必須仔細清洗、晾曬，「我爸爸那時候還請箍桶篾師傅來組餞桶。」黃太郎表示早年製作量多，餞桶的尺寸也大，一度還得專門請人回來組裝

80

81

圖78：安南區附近的大廟，或土城香、西港香香科多向本淵寮黃家訂米糕餞。

圖79：米糕餞一般多立於醮場主醮、主壇最前列，十分吸睛。

圖80：今日多採分切好載送至各普度場或醮場。

圖81：黃家出貨與送貨。

圖 82：每回製作前，餞板都必須重新再洗曬一次。

餞桶。製作時，以黃家親戚為固定班底，[4] 若製作量大時則循舊例聘僱庄內婦女 4 至 5 人前來幫忙，協助洗米與充填米糕餞等較簡易的工序或零碎瑣事，至於炊米、熬糖、拌米等較有技術性或需經驗判斷的工作，則由黃太郎獨挑大樑、一手包辦，如此模式，延續數十年，幾乎不曾改變。

4　通常為黃太郎的堂弟與小姨子。

從業師傅群像

一、黃太郎（1959—）

黃家米糕餞第 2 代，自年少習藝至今已逾數十載，投注大半輩子時間在米糕餞的製作上，對他而言，米糕餞除了是父親留下來的事業，也是自身對天地鬼神禮敬的一種實踐，儘管米糕餞的用量隨時代變遷而逐漸減少，但信仰虔誠且樂天知命的他仍希望能將此技藝永遠傳承下去。

二、黃秀鸞（1960—）

總是在黃太郎身旁協助製作米糕餞，個性謹慎負責的她，在接獲訂單後，常常天未亮便起身張羅材料、工具，製作時更是從前置工作到後續處理皆全程打理，不僅是黃太郎人生路上攜手同行的伴侶，更是黃家米糕餞生意上的最佳幫手。

三、黃銘豐（1961—）

黃太郎族親堂弟，多年來在黃家幫忙，熟諳米糕餞製程，從熬糖、拌米到裝填，幾

乎每一道工序都能應付自如，言語不多的他總是默默地做，經驗十足，成熟老到，既是黃家固定班底，更是不可或缺的重要角色。

四、黃秀慧（1958—）

黃秀鸞之姊，在姐姐嫁到黃家後，也開始幫忙製作米糕餞，主要負責洗米、炊米與後續的清洗等工作，專注且留意細節，對於炊米的份量與時間，以及加水時機皆能掌握得宜，確保米飯的品質與口感。

五、莊佳章（1983—）

黃太郎女婿，平日於雲林工作，每逢農曆7月岳丈家米糕餞生意忙碌時，便請假返回幫忙，從旁觀察到如今也能獨當一面，所有工序皆能輕鬆上手。由於米糕餞製作極為耗費體力，因此多負責搬扛或拌米等工作，也減輕其他幾位長者的負擔。過去對米糕餞一無所知的他，在接觸進而了解米糕餞文化後，也有意接續傳承，可謂黃家的生力軍。

六、黃靜怡（1985—）

黃太郎女兒，自幼看著祖父與父親製作米糕餞，耳濡目染下，對製程略知一二，及長些也開始協助、學習，遇到黃家訂單量大時則從旁幫忙，除了製作，也兼與夫婿負責送貨。

習藝與傳承

米糕餞乃獨門技藝，加上黃家乃兼職製作，故不像其他傳統技藝能發展出師徒之制，而是透過家族式的經營與訓練，以口傳實作方式父子傳承，黃太郎便是在其父黃馬教導下，再靠自己眼觀手動，邊做邊學習得技藝。坦言因為身為家中長子，從最初不得不習藝，到親身接觸之後把製作米糕餞看作是一種敬天地、禮鬼神的身體力行與使命，因此更投入技藝，在製作過程中留意細節，「很多狀況都要遇到了才知道，這看起來沒什麼，當中要注意的地方卻是很多，都有功夫的……。」米糕餞的傳習仰賴口傳與實作，每一次的製作皆因有訂單，為顧及品質，全程馬虎不得，因此過程中無法練習，除了熟悉完整流程與每一道工序外，便得靠習藝者的敏銳觀察，時刻留心細節，才能掌握訣竅。且由於米糕餞為節日食品，非常態性製作，即便於農曆 7、8 月間曾受雇前來黃家幫工者，過去至今也鮮

少人留下持續學藝，「米糕餞製作除了厚工（kāu-kang）外，利潤又不好，最大問題還是在於沒有天天開爐，無法靠這一項顧到溫飽⋯⋯。」製程與工序的繁瑣不是令人卻步的主因，專職米糕餞難以維生糊口，兼業製作又得配合市場需求，於農曆7、8間放下原本從事工作而全心投入，如此型態恐怕也非一般工作者力所能及，至今，黃家米糕餞最大的困境仍在於傳續。隨著年紀增長，黃太郎體力漸不如昔，近幾年他也開始思索黃家米糕餞的未來，憂心在自己退場後，自家的米糕餞會從此消失。所幸，近幾年起，黃太郎的女婿莊佳章在訂單量大時，總會放下自己的工作，專程請假返回幫忙，黃太郎欣慰之餘也重燃一絲希望，「那毋驚枵（iau）著，要學就來啊！」客觀條件下能夠投入習藝者不多，黃太郎希望未來若有人願意投入學習，他也樂於傳授分享，讓這門技藝能走出屬於自己的一條路。

轉變以應未來

除了米糕餞、米糕龜，以及嫁娶用的米糕豆外，本淵寮黃家米糕餞自早也承製彌月油飯，自黃太郎接手後，有感於養生觀念興起，以及民眾飲食習慣的轉變，過去甜滋滋的糯米愈來愈不受青睞，因此也逐步調整口味，減少糖量，讓米糕餞能更符合現代人的飲食需求。他更突發奇想的將佐了香菇、蝦米、

魷魚、豬肉等配料烹調的鹹米糕，製作成鹹米糕餞，「那真的比甜的還好吃，不過天氣太熱了，不能放……。」可惜因鹹米糕的食材不耐烈日曝曬，容易腐壞最終仍作罷，然而，黃太郎卻不放棄任何嘗試的機會，將普度時應主家特別需求的米糕餞巧思變化，塑出如彌勒佛、童男、童女、龍鳳等各式造型，也曾捏塑值年生肖的大型米糕，或應主家需求客製化各種造型，「做米糕餞也要想一些『齣頭』（tshut-thâu，指把戲、花樣），要變化，這樣才會有生意！」面對時代變遷以及多元食品席捲市場，黃家在保留傳統技藝之餘，也積極轉變，突破創新，以應未來！

圖 89：隨著米糕餞用量逐漸減少，業者開始創新求變以突破困境。

圖 90：黃太郎曾在兔年時，製作值年生肖造型米糕餞。（黃太郎／提供）

圖 91：巧思變化，塑出高約 120 公分的彌勒佛與童男、童女。（黃太郎／提供）

圖 92：普度用的米糕豆，上以豆子點綴「慶讚普渡植福」等字。（黃太郎／提供）

第六章

結論　米糕栫（餞）的
文化資產特色與價值

　　米糕栫（餞）為臺南府城普度或醮典特有的祭品，罕見於臺南以外的地區，不僅具在地性，其歷時悠久，與民間信仰、祭祀活動緊密連結，更有特殊的文化意涵與象徵意義，既是廟埕文化最真實的展現，其形成的背景，亦反映出先民的生活形貌與智慧。綜觀而論，米糕栫（餞）技藝呈現出以下幾項特色。

一、歷時逾百年，依舊「活的」文化

　　根據日治時期《臺灣日日新報》記載，以及由業者奠基立業的歷程來看，可確知遲至日大正 7 年（1918），米糕栫（餞）便已普遍於普度場合中所使用。米糕栫（餞）的文化與技藝歷時逾百年，有其歷史性，且目前仍有從業者在製作，於普度祭典中也為府城民眾所使用，[1] 具有文化意義與社會功能，並在傳承中受時代環境與群體交互影響，呈現持續累積與發展的軌跡，可謂活的文化。

1　目前兩家業者平均一年約製作上萬斤，市場頗為穩定。

二、富庶繁榮、產地優勢，米糕栫（餞）成 為府城特有祭品，深具地方性與獨特性

　　早年物資不豐，以糯米與糖製成的米糕栫（餞），因食材珍貴，非一般偏鄉百姓所能輕易負擔，而府城曾是臺灣的政經中心，不乏富商巨賈與世家大族，為首善之都、富庶之地，也因此有能力去製作米糕栫（餞）。加上臺南一帶自早便是米、糖等經濟作物的產地，也是米穀加工集散地，城內又有糖郊、糖商與製糖的糖間，米倉、糖倉所帶來的原料取得便利性以及成本優勢，而使得米糕栫（餞）有絕佳的發展條件。米糕栫（餞）為臺南極為獨特的普度祭品，最初僅見於府城，而後由舊城區逐漸擴散至周邊的安平、南區，再向外逐步拓展至鄰近的新市、安定、西港等鄉鎮，對臺南的祭祀與祭品使用慣俗產生一定的影響。大致上，米糕栫（餞）的使用仍以臺南地區為主要場域，其他地區則極為罕見，[2]反映出鮮明的地方性，且目前確知僅府城普濟殿前黃家與安南區本淵寮黃家兩家業者為專業製作與大量供應，亦見其獨特性。

---

[2]　根據筆者調查，目前僅高雄內門地區的兩座紫竹寺於普度時亦使用米糕柱為祭品。（詳見本書第一章）

三、具有高度象徵意涵的祭品，與普度文化連結深厚

米糕栫（餞）為臺南府城普度時必備的祭品，從昔至今皆然，深受民間認同，不僅展現傳統米食在民俗信仰儀式中的重要性，同時也透過手作技藝與身體勞動的實踐，來體現對天地鬼神的虔敬。米糕栫（餞）如塔狀的高聳外形，有佛法布施精神，也有溝通之意，象徵招引「好兄弟」前來接受祭品，加上下寬上窄六角柱外觀，也有步步高升的好寓意；而米飯為主食，本就是普度場合常見的祭品，糯米熱量高具飽足感，能耐

圖 1：米糕栫（餞）為臺南特有的祭品，極具地方特色。（李青純／提供）

飢餓，白糖味道甘甜，有愉悅美好的象徵，糯米與白糖皆是早年物資不豐年代裡珍貴的食材，以甜糯米製成的米糕栫（餞）為普度祭祀必備之禮，有表隆重與至高的敬意外，以此款待平日無祀、一年僅一度能來人間享食的好兄弟，也能讓終年受飢苦的好兄弟飽足度飢、味甘度苦，有吃飽甘甜之意。其「形」（外形）、「味」（味道）、「質」（屬性）等高度的象徵意義，也讓米糕栫（餞）在普度場合中建立不可取代性。

民間普度一年一度，建醮普度更是數年才舉辦一次，早年的祭品不若今日五花八門、種類繁多，米糕栫（餞）因食材黏稠的特性，能夠在普度時動輒數十斤以至百斤的製作，且高聳矗立受人矚目，因而成為普度場中用來互別苗頭或展現氣勢的祭品，並以此競比實力，甚至蔚成風氣。再者，作為祭祀大禮的米糕栫（餞），於祭祀過後，多分食或餽贈給信徒或庄民，除象徵庇佑平安，其背後也隱含了人際交陪與人情流動，反映出宮廟與信徒、爐主與信眾間的關係與連結，成為普度祭典中社交情誼的載體，與普度文化畫上深刻的連結。

四、秉承傳統製作工法與技術，兼融不失本色的創新

米糕栫（餞）為傳統米食文化的應用，兩家業者雖各具特

圖2：普度，是七月裡的一場盛宴，請陰間好兄弟前來受祀，饗宴盡歡。

色，但其製作仍延續上一代的工法與技術，從洗米、浸泡、炊米、煮糖、攪拌、裝填、塑形、熟成到開栫，全程皆維持手工製作，且使用之器具，特別是栫（餞）板更多為代代相傳，大者可達數尺高、百餘斤，小者亦有數十斤，在普度祭品中極為搶眼，也呈現祭儀之典範性與可看性。隨著時代演進與社會變遷，兩家業者也與時俱進的思考因應之道，在保留傳統製作技術下，不失本色和特性的轉變與創新，如普濟殿前黃家米糕栫積極推廣米糕栫（餞）文化，同時改變包裝並嘗試研發各式茶點與伴手禮，開拓米糕栫（餞）的新契機；而本淵寮黃家米糕餞則巧思變化各種造型，讓米糕栫（餞）在保有傳統製法之餘，也能有更多面貌呈現。

五、廟埕文化的展現，人與地方交融出的集體記憶與情感

米糕栫（餞）與民間信仰的淵源深厚，製作時的人力器具龐多，需要極大的場地，因此早年多於空曠的廟前製作，儼然是廟埕文化最真實的展現。而往昔製作量大，每逢普度旺季，兩家業者便會動員許多人力，如本淵寮黃家號召庄內婦女協助，而普濟殿前黃家則自舊時便請新市崙仔頂庄的長者前來幫忙，代代相沿，至今全庄已有近6、7成的長者都曾來過府城

圖3：一群師傅刻苦、耐勞，情義相挺的協助黃家製作米糕栫，黃銅山感恩在心！（關毓暉／提供）

圖4：近幾年，隨著老一輩師傅日漸凋零，目前僅剩極少數師傅能夠全程製作，若不加以重視，未來恐將面臨技藝斷層。（李青純／提供）

做米糕栫（餞），「米糕栫（餞）一直以來都得靠多人齊心協力才能完成，就如同那 6 塊栫（餞）板向中心相互傾靠，形成嚴密的六角形，才能將糯米牢牢壓緊⋯⋯。」黃銅山如此形容！也正因這樣的「缺一不可」，讓一群參與製作的師傅們甘願地從青絲做到白髮，不僅是一種對工作對自我的價值與肯定，長期下來，更醞釀成一種集體記憶與情感，支撐著師傅們執著且專注的持續操持，只要是答應承接的工作，絕不因外力的限制而妥協，總會將自身技藝發揮到極致，全力完成，展現出令人肅然起敬的職人氣質與工匠精神。

米糕栫（餞）在臺南地區祭品中占有一定的地位，具有鮮明的地方性與特殊的文化意涵，目前承製的普濟殿前黃家與本淵寮黃家可能是全臺僅存的米糕栫（餞）專業製作者，更具稀有性。而僅以糯米與糖製作的米糕栫（餞）專業，看似技藝門檻不高，然而每道工序都必須仰賴師傅熟稔的技巧與豐富的經驗，才能讓成品兼具視覺與美味。此外，製作米糕栫（餞）的師傅多為長期、甚至一輩子投身於此技藝的長者，與米糕栫（餞）更早已建立相依共存的情感，米糕栫（餞）不僅是這些師傅們的人生經歷，也是府城許多老一輩人的集體記憶，這些超越技藝以外的情感與散發出難能可貴的人文的味道，亦都值得珍視！

近幾年，隨著老一輩師傅逐漸凋零，目前僅剩極少數師傅

能夠全程製作,若不加以重視,未來恐將面臨失傳之虞。綜觀米糕栫(餞)的技藝、文化意涵與情感的承載,加上目前兩家業者對米糕栫(餞)的知識、技術皆有一定程度的了解,以及對推動米糕栫(餞)技藝的保存維護與未來傳承亦展現積極且高度的意願,都值得予以鼓勵與肯定。更重要的,米糕栫(餞)不僅是一種米食祭品,也集結府城的地方特色,反映出當地過去的富庶繁榮、產業概況與普度文化,具體而微展現在其中。建議相關部門應將此特殊獨到的技藝優先審議列入無形文化資產,或擴大結合府城特殊的普度文化、祭儀與祭品提送審議委員會進行登錄審議,並展開影像紀錄,同時輔導業者進行技術與相關器具之維護保存,俾以永續保存此珍貴的文化資產。

圖 5：黃銅山從開始被動
接受外界的幫助，至今轉
變成主動，展現積極推廣
米糕栬的決心。

圖 6：米糕栬（餞）是專
屬府城的老記憶與老技
藝，盼盡快通過文資，讓
此珍貴的文化資產得以永
續傳承。

參考書目

▌ 方志、史料

1. 清・丁曰健，《治臺必告錄》，臺北：臺灣銀行經濟研究室，1959。

2. 清・不著輯人，《嘉義管內采訪冊》，臺北：臺灣銀行經濟研究室，1959。

3. 清・林豪，《澎湖廳志》，臺北：臺灣銀行經濟研究室，1958。

4. 清・高拱乾，《臺灣府志》，臺北：臺灣銀行經濟研究室，1960。

5. 清・唐贊袞，《臺陽見聞錄（下）》，臺北：臺灣銀行經濟研究室，1958。

6. 清・陳文達，《臺灣縣志》，臺北：臺灣銀行經濟研究室，1961。

7. 清・陳培桂，《淡水廳志》，臺北：臺灣銀行經濟研究室，1963。

8. 清・蔣毓英，《臺灣府志》，臺北：臺灣銀行經濟研究室，1985。

9. 清‧劉家謀等，《臺灣雜詠合刻》，臺北：臺灣銀行經濟研究室，1958。

10. 不著撰人，《安平縣雜記》，臺北：臺灣銀行經濟研究室，1959。

11. 倪贊元，《雲林縣采訪冊》，臺北：臺灣銀行經濟研究室，1959。

▌ 專書

1. 石萬壽，《樂君甲子集》，臺南：臺南市政府文化局，2004。

2. 片岡巖，《臺灣風俗誌》，臺北：臺灣日日新報社，1921。

3. 池田敏雄，《臺灣の家庭生活》，臺北市：東都書籍株式會社臺北支店，1944。

4. 牟斯（Marcel Mauss）著，汪珍宜、何翠萍譯，《禮物：舊社會中交換形式與功能》，臺北：遠流，1989。

5. 李秀娥，《臺灣傳統生命禮儀》，臺中：晨星，2003。

6. 李秀娥，《臺灣民俗節慶》，臺中：晨星，2004。

7. 李亦園，《信仰與文化》，臺北：巨流，1978。

8. 何鳳嬌編，《臺灣省警務檔案彙編‧民俗宗教篇》，臺北：國史館，1996。

9. 武內貞義，《臺灣》，臺北：南天，1996。

10. 連橫，《臺灣通史》，臺北：臺灣銀行經濟研究室，1962。

11. 連橫，《臺灣語典》，臺北：臺灣銀行經濟研究室，1963。

12. 連橫，《雅言》，臺北：臺灣銀行經濟研究室，1963。

13. 連橫，《雅堂文集》，臺北：眾文圖書，1979。

14. 張耘書，《臺南府城餅舖誌》，臺南：臺南市政府文化局，2018。

15. 黃婉玲，《尋找臺灣古早味：讓人難忘的 36 種絕妙好滋味》，臺北：樂果文化，2010。

16. 鈴木清一郎，《臺灣舊慣冠婚葬祭と年中行事》，臺北：南天，1995。

17. 鈴木清一郎著、馮作民譯，《臺灣舊慣習俗信仰》，臺北：眾文圖書，2004。

18. 臺南縣政府編，《臺南縣志》卷二〈人民志‧風俗〉，臺南：臺南縣政府，1980。

▌ 期刊、單篇論文

1. 石萬壽，〈臺南府城的行郊特產點心〉《臺灣文獻》31：4，1980/12。

2. 呂阿昌，〈和妊娠及生產有關的臺灣民俗〉，《民俗臺灣》第 1 輯，臺北：武陵，1998。

3. 吳槐，〈臺灣人有關結婚與生產的俗信〉，《民俗臺灣》第 7 輯，臺北：武陵，1998。

4. 林仲，〈鴨肉有「毒」嗎？〉，《畜產專訊》第 44 期，行政院農業委員會畜產試驗所，2003/6。

5. 施舟人（Kristofer Schipper），〈老臺南的土地公會〉，《中國文化基因庫》，北京：北京大學出版社，2002。

6. 洪瑩發，〈臺南府城與安平中元普度儀式與祭品〉，《民俗與文化》5，臺北：博陽文化，2008/12。

7. 連景初，〈人鬼聯歡慶中元〉，《臺南文化》9：1，臺南：臺南市文獻委員會，1963/3。

8. 連景初，〈臺灣的中元節〉，《臺南文化》9：1，臺南：臺南市文獻委員會，1963/3。

9. 連景初，〈端午行事〉，《臺南文化》8：3，臺南：臺南市文獻委員會，1968/9。

10. 陳貴凰、黃穗華，〈呷飽、呷好、呷巧、呷健康—臺灣辦桌菜單品項演變之研究〉，《餐旅暨觀光》2011/6。

11. 張珣、洪瑩發，《安平進錢補運科儀初探：以妙壽宮小法團為例》，《民俗與文化》第七期，2012/6。

12. 莊松林，〈莊松林（朱鋒）先生文選—臺南的普度〉，《臺

灣風物》20：2，臺北：臺灣風物雜誌社，1970/5。

13. 黃俊文，〈府城「黃家米糕栫」：臺南民俗類無形文化資產〉，《臺灣民間信仰論文集》，臺南：臺南市鳳凰城文史協會，2018。

14. 謝貴文，〈從中元普度祭品看民間的飲食文化與養生觀念〉，《高雄民間信仰與傳說故事論集》，臺北：秀威資訊科技，2009。

▌學位論文

王麗菡，〈供桌上的禮物：臺灣特殊食物祭品——以臺南府城為討論中心〉，臺南：國立臺南大學臺灣文化研究所，2013。

▌報紙、其他

1. 〈準備普度〉，《臺灣日日新報》4版，1908/08/08。

2. 〈臺南市普度盛況〉《臺灣日日新報》4版，1914/09/24。

3. 〈赤崁短訊 迷信之言〉，《臺灣日日新報》6版，1918/8/30。

4. 〈重新普度〉，《臺灣日日新報》6版，1920/12/03。

5. 〈赤崁特訊 普濟殿醮事〉，《臺灣日日新報》6版，1924/01/09。

6. 〈臺南西市普度〉，《臺灣日日新報》6 版，1929/09/17。

7. 〈迎媽祖〉，《臺南新報》，1933/04/29。

8. 〈鹿港應否恢復輪流普渡 各方意見不一〉，《中國時報》14 版，1994/08/30。

9. 〈中元普渡一次舉行 鹿港人還不習慣〉，《中國時報》14 版，1994/08/31。

10. 〈府城昔日鬼月普度長達月餘〉，《中華日報》23 版，1999/09/01。

11. 〈昔日普度日程表〉，《中華日報》23 版，1999/09/01。

▌ 網路資料

1. 中國哲學書電子化計劃 https://ctext.org/zh

2. 全國宗教資訊網—宗教知識—宗教活動 https://religion.moi.gov.tw/Knowledge/Index?ci=2

3. 國史館臺灣文獻館—臺灣民俗文物辭典 http://dict.th.gov.tw/

附錄一

普濟殿前黃家普度米糕栫銷售一覽

【民國 76 年 7、8 月銷售一覽】

日期	訂購者	種類與數量	地址	備註
7 月				
7/2	山埔頭	76 斤（2 斤 *38 份）	北區	
7/4	阿梅	200 斤（6 斤 *3 份、5 斤 *36 份、30 斤 *3 份）		民間普度會
7/9	三老爺宮	80 斤（40 斤 *2 支）	北區裕民街 86 號	
	四分子	100 斤（50 斤 *2 支）	永康區	
	四仙女祖	84 斤（2 斤 *42 份）	永康區	甜粿 41 份、鹹粿 41 份
7/12	興濟宮	150 斤（2 支）	北區成功路 86 號	
	清水寺	400 斤	中西區開山路 3 巷 10 號	
	共善堂	60 斤（5 斤 *12 份）	中西區慈聖街 65 號	
	進安宮	150 斤（1 斤 *150 份）	永康區大橋一街 103 巷 139 號	
	鹽埕北極殿	210 斤（10 斤 *10 份、5 斤 *22 份）	南區鹽埕路 159 巷 1 號	
	進安宮	150 斤	永康區大橋一街 103 巷 139 號	

日期	訂購者	種類與數量	地址	備註
7/13	共善堂	30 斤（5 斤 *6 份）	中西區慈聖街 65 號	
7/14	安平路朝興宮（小普）	92.5 斤	中西區濟生街 64 巷 1 號	朝興宮溫陵廟
	雙良宮	180 斤	北區公園北路 78 巷 32 號	
	龍山殿	210 斤	東區府連路 434 號	
	龍山寺	160 斤	東區東門路 2 段 134 巷 27 號	
	朝興宮（大公）	75 斤（25 斤 *3 份）	中西區濟生街 64 巷 1 號	朝興宮溫陵廟
7/15	新化市場	240 斤（2 支）	新化區中正路 369 巷 42 號之 3	
	關帝港（大公）	165 斤（5 斤 *33 份）	中西區新美街 114 號	廟方
	關帝港（小普）	360 斤（4 斤半 *80 份）	中西區新美街 114 號	信徒普度會
	下林建安宮	500 斤	南區大德街 141 巷 47 號	
7/16	漁會	800 斤	安平區運河路 97 號	
	下林建安宮	210 斤（3 斤 *70 份）	南區大德街 141 巷 47 號	
	五王廟	100 斤（2 斤 *50 份）	永康區中華 2 路 269 號	
	鹽埕保安宮	234 斤（3 斤 *78 份）	南區鹽埕路 291 巷 32 弄 61 號	
	共善堂	30 斤	中西區慈聖街 65 號	

日期	訂購者	種類與數量	地址	備註
	民生市場	196 斤（7 斤 *28 份）	中西區南門路 31 巷	
	福佛堂	80 斤（2 斤 *40 份）		
	興尊宮	50 斤（2 支）	中西區觀亭街 96 號	
	中國城	210 斤（2 斤 *105 份）	中西區	中國城商場
7/17	大港寮市場	171 斤（1 斤半 *114 份）	北區大興街 164 巷 68 號	
	武英殿	500 斤（1 斤 *400 份、10 斤 *10 份）	中西區大智街 135 號	
	高雄	200 斤（2 支）	高雄	私人
	中洲寮保安宮	270 斤（5 斤 *54 份）	安南區長和街 3 段 96 號	
7/18	尊王公壇	158 斤	中西區尊王路 125 號	
	南廠保安宮	500 斤（5 斤 *100 份）	中西區保安路 90 號	
	天池壇	236 斤	中西區大仁街 29 號	
	水門宮	399 斤（3 斤 *125 份、2 斤 *12 份）	南區仁南街 86 號	
	南廠保玉宮	81 斤（3 斤 *27 份）	中西區康樂街 82 號	
	鎮南宮	170 斤（5 斤 *7 份、3 斤 *45 份）	北區北園街 124 巷 10 弄 7 號	
	碧龍宮	96 斤（2 斤 *48 份）	南區福吉四街 66 號	
7/19	大銃街	150 斤	北區自強街	
	布店	50 斤（2 支）		私人

日期	訂購者	種類與數量	地址	備註
	小媽祖廟	100 斤（2 支）	北區自強街 12 號	
	大菜市	221 斤（10 斤 *2 份、15 斤 *1 份、3 斤 *62 份、）	中西區西門路 2 段 177 號	
	餅店	39 斤（3 斤 *13 份）		
7/20	福安堂	355 斤（5 斤 65* 份、10 斤 *3 份）		
	崇福宮	100 斤（2 支）	中西區民族路 3 段 119 號	
	厲王宮	24 斤（2 斤 *12 份）	中西區西門路 2 段 307 巷 14 號	
	梅仔	88 斤（5 斤 *14 份、3 斤 *1 份、2 斤 *1 份）		私人
	米街	425 斤	中西區	民間普度會
	安平（翠桃）	150 斤（5 斤 *35 份、3 斤 *5 份）	安平	民間普度會
	佛祖廟	60 斤（4 斤 *15 份）	中西區新美街 50 巷 43 號	帆寮港
	鹽行	30 斤	永康區	
	金池	60 斤（5 斤 *12 份）		私人
7/21	媽祖宮	24 斤（3 斤 *8 份）	中西區	大天后宮，私人祭祀
	安平（文卿）	100 斤（5 斤 *20 份）	安平	私人
	安平	140 斤（5 斤 *28 份）	安平	
	後甲北極殿	105 斤（3 斤 *35 份）	東區裕農路 621 巷 71 號	
	溪頂寮	130 斤（2 斤 *65 份）	安南區	

日期	訂購者	種類與數量	地址	備註
	賣茶	40斤（2斤*20份）		私人
7/22	張先生	84斤（4斤*21份）		私人
	媽祖樓（天后宮）	70斤	中西區忠孝街118號	
7/23	延平市場	316斤（2斤*158份）	北區公園路862巷17號	
	阿瑞	130斤（2斤*65份）		私人
	善德堂	105斤（1斤半*75份）	中西區普濟街67號	
	共善堂	100斤（2斤*50份）	中西區慈聖街65號	
7/24	碧龍宮	102斤（2斤*51份）	南區福吉四街66號	
	聖懿堂	125斤（5斤*25份）	南區金華路1段352巷97弄16號	
	媽祖宮	354斤（3斤*118份）	中西區	
7/25	米街忠澤堂	60斤（2斤*30份）	中西區新美街181號	
7/26	四連宮	70斤（2斤*35份）	安平區健康二街490號	
	建成市場	150斤（3斤*50份）	北區公園路455號	
	文賢路	60斤（1斤半*40份）	北區	
	奇美工廠	175斤（5斤*20份、3斤*25份）	南區	機關行號
	大東點心城	200斤（2斤*100份）	東區林森路1段276號	

日期	訂購者	種類與數量	地址	備註
7/27	崇福宮	220 斤 （2 斤 *110 份）	中西區民族路 3 段 119 號	
7/28	新南路	15 斤（5 斤 *3 份）	中西區	
	龍虎寺	90 斤（3 斤 *30 份）	北區公園路 663 巷 12 號	
8 月				
8/1	青果市場	250 斤（5 斤 *50 份）	安南區怡安路 2 段 102 號	
8/2	圓環	27.5 斤	中西區府前路 1 段 31 號	復興市場
	南臺市場	540 斤 （5 斤 *108 份）	中西區	
	大菜市 （賣肉）	100 斤 （10 斤 *10 份）	中西區西門路 2 段 177 號	
	水仙宮市場	140 斤（2 斤 *70 份）	中西區海安路 2 段 230 號	
	圓環（賣肉）	195 斤	中西區府前路 1 段 31 號	市場
	保安市場 （賣肉）	185 斤（5 斤 *37 份）	中西區郡西路 35 號	
	阿生	58 斤（2 斤 *29 份）		市場普度會
	建安市場 （賣肉）	30 斤（5 斤 *3 份、 15 斤 *1 份）	南區南寧街 143 號	
8/3	老古石集福宮	270 斤（3 斤 *90 份）	中西區信義街 83 號	
	武聖路	100 斤	中西區	私人
	後樓	169 斤（3 斤 *55 份、 5 斤 *3 份）		
	港底	129 斤（2 斤 *52 份、 5 斤 *5 份）	中西區	

日期	訂購者	種類與數量	地址	備註
8/6	大菜市	80 斤（5 斤 *16 份）	中西區西門路 2 段 177 號	
8/7	陳德瑞	235 斤（5 斤 *47 份）		私人
8/10	東菜市（賣魚）	375 斤（5 斤 *75 份）	中西區青年路 164 巷 26 號	
8/13	公園菜市（賣菜）	147 斤（3 斤 *49 份）	北區	
8/16	賣粿	80 斤（2 斤 *40 份）		
	兵仔市	900 斤（3 斤 *300 份）	永康區中華一路 7 號	
	賣肉	120 斤		
	保安市場（1 樓左邊）	195 斤（2 斤 * 份）	中西區郡西路 35 號	
	鴨母寮市場	156 斤（2 斤 *78 份）	北區成功路 148 號	
	開元市場（3 樓）	120 斤（2 斤 *60 份）	北區開元路 124 號	
	新興市場	268 斤（4 斤 *67 份）	南區	
	開元市場（2 樓）	114 斤（2 斤 *57 份）	北區開元路 124 號	
	一筆市場	177 斤（每份 1 斤）	中西區忠義路 3 段 11 號	
	保安市場（2 樓）	56 斤（2 斤 *28 份）	中西區郡西路 35 號	
	保安市場（賣肉）	185 斤（5 斤 *37 份）	中西區郡西路 35 號	
	保安市場（賣魚）	186 斤（3 斤 *62 份）	中西區郡西路 35 號	
8/18	東門賣火炭	192 斤（5 斤 *5 份、4 斤 *40 份、11 斤半 *1 份）	東區	私人

日期	訂購者	種類與數量	地址	備註
8/20	小北攤販	100 斤（2 支）	北區西門路 4 段 101 號	
8/22	東安市場	175 斤（1 斤 *175 份）	東區長榮路 2 段 18 號	

上述日期為農曆　　　　　　　　　　　　　　　　　　　張耘書 / 整理

【民國 77 年 7、8 月銷售一覽】

日期	訂購者	種類與數量	地址	備註
7 月				
7/4	安平城隍廟	220 斤（5 斤 *44 份）	安平區安平路 121 巷 1 號	
7/8	餅店	80 斤（2 斤 *40 份）		
7/9	四仙女祖	58.5 斤（1.5 斤 *39 份）再加 5 斤		
	三老爺宮	80 斤（5 斤 *16 份）	北區裕民街 86 號	
7/10	安平阿蓮	50 斤	安平區	私人
7/11	金華府	94 斤（2 斤 *47 份）	中西區神農街 71 號	
	水仙宮	60 斤（2 斤 *30 份）	中西區神農街 1 號	
7/12	大道公廟	150 斤（6 斤 *4 份、5 斤 *22 份、4 斤 *4 份）	北區成功路 86 號	
	清水寺	320 斤	中西區開山路 3 巷 10 號	
	共善堂	50 斤	中西區慈聖街 65 號	牛頭牌寄付
7/14	共善堂	30 斤	中西區慈聖街 65 號	牛頭牌寄付
	雙良宮	115 斤	北區公園北路 78 巷 32 號	
	勝安宮	300 斤（5 斤 *60 份）	北區開元路 183 巷 16 號	
	龍山寺	160 斤（10 斤 *16 份）	東區東門路 2 段 134 巷 27 號	
	龍山殿	180 斤（5 斤 *36 份）	東區府連路 434 號	

日期	訂購者	種類與數量	地址	備註
	安平路菜市	78 斤（3 斤 *26 份）	安平區	
	賣粽	64 斤（2 斤 *32 份）		
7/13	鹽埕北極殿	150 斤（10 斤 *15 份）	南區鹽埕路 159 巷 1 號	
7/15	關帝港（大公）	168 斤（4 斤 *42 份）	中西區新美街 114 號	
	關帝港（小普）	404 斤（4 斤 *101 份）	中西區新美街 114 號	
	鎮渡頭	110 斤（5 斤 *22 份）	中西區	戶民普度（街普）
	新化市場	220 斤（2 支）	新化區中正路 369 巷 42 號之 3	
	下林建安宮	510 斤	南區大德街 141 巷 47 號	
	小南	150 斤（3 斤 *50 份）	中西區	
7/16	共善堂	20 斤	中西區慈聖街 65 號	牛頭牌寄付
	神佛堂	90 斤（2 斤 *45 份）	中西區民族路 3 段 151 巷 37 號	
	鹽埕保安宮	246 斤	南區鹽埕路 291 巷 32 弄 61 號	
	漁會	850 斤（5 斤 *170 份）	安平區運河路 97 號	
	建安市場	195 斤（3 斤 *65 份）	南區南寧街 143 號	
	民生市場	182 斤（7 斤 *26 份）	中西區南門路 31 巷	
7/17	中洲寮點心城	275 斤（5 斤 *55 份）	安南區	

日期	訂購者	種類與數量	地址	備註
	海佃路菜市	165 斤（1.5 斤 *110 份）	安南區	
	小康市場	158 斤（2 斤 *79 份）	中西區文賢路197 號	
	高雄	200 斤	高雄	私人
	老人會（西區）	30 斤	西區	
7/18	金安宮	76 斤（2 斤 *38 份）	中西區信義街108 巷 59 號	
	水門宮	210 斤（3 斤 *70 份）	南區仁南街86 號	
	南廠保安宮	480 斤（5 斤 *96 份）	中西區保安路90 號	
	武英殿	300 斤（10 斤 *30 份）	中西區大智街135 號	
	尊王公壇	164 斤（5 斤 *4 份、3 斤 *48 份）	中西區尊王路125 號	
	保玉宮	81（3 斤 *27 份）	中西區康樂街82 號	
	鎮南宮	130 斤（5 斤 *11 份、3 斤 *25 份）	北區北園街124 巷 10 弄 7號	
	碧龍宮	76 斤（2 斤 *38 份）	南區福吉四街66 號	
	天池壇	305 斤（10 斤 *13 份、5斤 *25 份、3 斤 *10份、2 斤 *10 份）	中西區大仁街29 號	
	臺北	50 斤		私人
	老來	32 斤（4 斤 *8 份）		私人
	保安宮陳先生	100 斤（10 斤 *10 份）	中西區	民間普度會

日期	訂購者	種類與數量	地址	備註
7/19	淺草賣布	210 斤（3 斤 *15 份、15 斤 *1 份）	中西區國華街 3 段 26 號	
	佛祖廟	84 斤（4 斤 *21 份）	中西區新美街 50 巷 43 號	
	元和宮	110 斤（5 斤 *22 份）	北區	
7/20	金池	60 斤		私人
	福安堂	345 斤（5 斤 *69 份）	中西區金華路	
	安平阿梅	155 斤（5 斤 *31 份）	安平區	
	老來（良皇宮）	108.5 斤（3.5 斤 *31 份）	中西區府前路 1 段 340 號	
	米街	244 斤（4 斤 *61 份）	中西區	
	萬福庵	222 斤（6 斤 *37 份）	中西區民族路 2 段 317 巷 5 號	
	安平阿蓮	124 斤（10 斤 *3 份、5 斤 *17 份、3 斤 *3 份）	安平區	私人
7/21	安平龍虎宮（廣濟宮）	110 斤	安平區效忠街 33 號	
	七娘境	428 斤（4 斤 *107 份）	中西區	
	護崇宮	400 斤（1 斤 *400 份）	東區	
	中國城	254 斤（2 斤 *127 份）	中西區	中國城商場
	媽祖宮賣粽	21 斤		私人
	安平阿甲	100 斤	安平區	私人
	安平阿蓮	44 斤	安平區	私人
7/22	五王市場	44 斤（2 斤 *22 份）	永康區中華 2 路 206 巷 68 弄 25 號	

日期	訂購者	種類與數量	地址	備註
	媽祖樓	150 斤（5 斤 *30 份）	中西區忠孝街 118 號	
7/23	善德堂	110 斤（1.5 斤 *73 份）	中西區普濟街 67 號	
	鳳山宮	330 斤（1.5 斤 *220 份）	北區公園路 595-27 號	
	普濟殿邊	146 斤（2 斤 *73 份）	中西區普濟街 79 號附近角頭	
	開基共善堂	120 斤（2 斤 *60 份）	中西區慈聖街 65 號	
	試經口	90 斤（1 斤 *90 份）	中西區海安路 2 段 330-331 巷 至忠孝街 116 巷	戶民普度（境普）
	大廠口	32 斤（2 斤 *16 份）	中西區菱洲東街、成功路附近	戶民普度（境普）
	延平市場（賣魚）	300 斤（2 斤 *150 份）	北區公園路 862 巷 17 號	
	林海木	小 2 支		私人
7/24	後甲北極殿	108 斤（3 斤 *36 份）	東區裕農路 621 巷 71 號	
	佛顯寺	300 斤（5 斤 *60 份）	新化區知義里 新和庄 12 號	
	聖懿堂	120 斤（5 斤 *24 份）	南區金華路 1 段 352 巷 97 弄 16 號	
	媽祖宮	375 斤（3 斤 *125 份）、另加 5 斤	中西區	
	賣粿	64 斤（2 斤 *32 份）		
7/25	米街忠澤堂	70 斤（2 斤 *35 份）	中西區新美街 181 號	

日期	訂購者	種類與數量	地址	備註
	興尊宮	60 斤（2 支）	中西區觀亭街 96 號	
7/26	建成市場	200 斤（4 斤 *50 份）	北區公園路 455 號	
	奇美工廠	180 斤（5 斤 *20 份、2 斤 *40 份）	南區	機關行號
	護崇宮	300 斤（5 斤 *60 份）	東區	
	四連宮	84 斤（2 斤 *42 份）	安平區健康二街 490 號	
7/28	龍虎寺	100 斤	北區公園路 663 巷 12 號	
	護崇宮	100 斤（2.5 斤 *40 份）	東區	
7/30	正妙寺	60 斤（5 斤 *12 份）	東區前鋒路 129 號	
8 月				
8/2	南臺市場	115 斤（5 斤 *23 份、	中西區	
	水仙宮市場（賣肉）	130 斤（10 斤 *13 份）	中西區海安路 2 段 230 號	
	大菜市（賣肉）	100 斤（10 斤 *10 份）	中西區西門路 2 段 177 號	
	保安市場（賣肉）	165 斤（5 斤 *33 份）	中西區郡西路 35 號	
	東門圓環（復興市場賣肉）	350 斤（10 斤 *35 份）	中西區府前路 1 段 31 號	
	小東市場	360 斤（3 斤 *120 份）	東區小東路 82 號	
8/3	城下（老古石）	258 斤（3 斤 *86 份）		街普
	港底	105 斤（1 斤 *105 份）	中西區	

日期	訂購者	種類與數量	地址	備註
	後樓	180 斤（3 斤 *60 份）、另加 13 斤		蛋糕 58 份 甜粿 1 份 鹹粿 58 份
8/4	東門圓環（復興市場賣菜）	375 斤（5 斤 *75 份）	中西區府前路 1 段 31 號	
8/6	大菜市（雜貨）	80 斤（5 斤 *16 份）	中西區西門路 2 段 177 號	
8/10	東菜市（賣魚）	350 斤（5 斤 *70 份）	中西區青年路 164 巷 26 號	
8/12	友愛市場	510 斤（10 斤 *19 份、5 斤 *64 份）	中西區友愛街 117 號	
	菱洲東街	220 斤	中西區菱洲東街	
8/13	公園市場（賣菜）	180 斤	北區	
8/14	小公園獎券行	30 斤（2 斤 *15 份）		
8/16	保安市場（賣菜）	168 斤（3.5 斤 *48 份）	中西區郡西路 35 號	
	鴨母寮市場	150 斤（2 斤 *75 份）	北區成功路 148 號	
	開元市場（一樓）	114 斤（2 斤 *57 份）	北區開元路 124 號	
	開元市場（二樓）	112 斤（2 斤 *56 份）	北區開元路 124 號	
	開元市場（三樓）	132 斤（2 斤 *66 份）	北區開元路 124 號	
	保安市場（銀樓）	46 斤（2 斤 *23 份）	中西區郡西路 35 號	
	公園市場（賣肉）	135 斤（3 斤 *45 份）	北區	
	新興市場	205 斤	南區	

319

日期	訂購者	種類與數量	地址	備註
	兵仔市	640 斤（2 斤 *320 份）	永康區中華一路 7 號	
	保安市場（賣魚）	192 斤（2 斤 *96 份）	中西區郡西路 35 號	
	保安市場（賣肉）	220 斤（5 斤 *44 份）	中西區郡西路 35 號	
	保安市場（一樓）	88 斤（2 斤 *44 份）	中西區郡西路 35 號	
	保安宮	10 斤	中西區	
8/20	小北攤販	100 斤	北區西門路 4 段 101 號	
8/22	東安市場	220 斤（1 斤 *220 份）	東區長榮路 2 段 18 號	
	成功路	135 斤		

上述日期為農曆

張耘書／整理

【民國 90 年 7、8 月銷售一覽】

日期	訂購者	種類與數量	地址	備註
7月				
7/7	安平福德祠	100 斤（3 斤 *33 份）	安平區	
7/8	麻豆陳先生	160 斤（80 斤 *2 支）	麻豆	私人
	興和宮	50 斤（分 27 份）	安平區府平路 432 號	
7/9	滋味軒	20 斤		
7/10	臨安壇	50 斤 另 60 元 *37 份	中西區尊王路	
	白龍庵五靈堂	170 斤 1 斗米龜 *6 隻	北區崇安街 41 巷 6 號	
	永華宮	64 斤（2 斤 *32 份）	中西區府前路 1 段 196 巷 20 號	
7/12	清水寺	200 斤（50 斤 *4 支）	中西區開山路 3 巷 10 號	
	白龍庵五靈堂	30 斤（10 斤 *1 份、4 斤 *1 份、2 斤 *3 份、5 斤 *2 份）	北區崇安街 41 巷 6 號	
	牛頭牌	20 斤（5 斤 *4 份）	新市區大營里豐榮 160 號	機關行號
7/13	鹽埕北極殿	585 斤（公司 5 斤 *105 份、私人 20 斤 *2 份、15 斤 *1 份、5 斤 *1 份）	南區鹽埕路 159 巷 1 號	甜粿 2 斤 *40 個 鹽 2 斤 *40 包 發粿 1 斤 *40 個
	恩隍宮	200 斤（1.5 斤 *133 份）	北區東豐路 305 巷 51 號	
	宏駿紙業	米糕豬 123 斤（41 斤 3* 份）	新市區	機關行號

日期	訂購者	種類與數量	地址	備註
	龍山寺	45 斤	東區東門路 2 段 134 巷 27 號	
	牛頭牌	49 斤（5 斤 *7 份、2 斤 *7 份）	新市區大營里豐榮 160 號	機關行號
7/14	南天府	500 斤（大 3 支、小 4 支）	東區裕豐街 214 巷 25 號	
	龍山殿	150 斤（2 斤 *75 份）	東區府連路 434 號	
	擇賢堂	11 斤	中西區中正路 21 巷 15 號	
	雙良宮	115 斤（5 斤 *20 份、3 斤 *15 份）	北區公園北路 78 巷 32 號	
7/15	金華宮	140 斤（70 斤 *2 支）	東區東門路	私人壇
	小南城隍廟	100 斤（50 斤 *2 支）	中西區開山路 289 號	
	廣慈庵（廣慈院）	49 斤（5 斤 *8 份、7 斤 *1 份、2 斤 *6 份）	中西區廣慈街 38 號	
7/16	平安宮	60 斤（30 斤 *2 支）	北區文賢 3 街 320 巷 96 號	
	漁會	828 斤（5 斤 *147 份、3 斤 *31 份）	安平區運河路 97 號	
	鹽埕保安宮	300 斤（3 斤 *100 份）	南區鹽埕路 291 巷 32 弄 61 號	
	光明市場	78 斤（2 斤 *39 份）	東區光明街	
7/17	復興市場	215 斤（3 斤 *70 份、5 斤 *1 份）	中西區府前路 1 段 31 號	
7/18	開基武廟	120 斤（3 斤 *40 份）	中西區新美街 114 號	
	武英殿	106 斤（1 斤 *100 份、3 斤 *2 份）	中西區大智街 135 號	

日期	訂購者	種類與數量	地址	備註
	天池壇	10 斤（5 斤 *2 份）	中西區大仁街 29 號	
	尊王公壇	99 斤（3 斤 *33 份）	中西區尊王路 125 號	
	南廠水門宮	100 斤（1 斤 *100 份）	南區仁南街 86 號	
	金安宮	60 斤（2 斤 *30 份）	中西區信義街 108 巷 59 號	
7/19	大菜市	76 斤（105 斤 *51 份）	中西區西門路 2 段 177 號	
	佛祖廟（慈陰亭）	88 斤（4 斤 *22 份）	中西區新美街 50 巷 43 號	
	雙良宮	5 斤	北區公園北路 78 巷 32 號	
7/20	六合社區	51 斤（3 斤 *17 份）	永康	
	清總宮	30 斤（5 斤 *6 份）	北區	
	萬福庵	86 斤（2 斤 *43 份）	中西區民族路 2 段 317 巷 5 號	
	安平	30 斤（2 斤 *15 份）		私人
7/21	牛頭牌	60 斤（5 斤 *12 份）	新市區大營里豐榮 160 號	機關行號
	阿粉	170 斤（30 斤 *2 支、5 斤 *22 份）	安平區	金龍殿信徒普度會
7/22	佛顗寺	200 斤（3 斤 *67 份）	新化區知義里新和庄 12 號	正妙寺師父所創
	武英殿	30 斤（0.5 斤 *60 份）	中西區大智街 135 號	
	五王市場	28 斤（2 斤 *14 份）	永康區中華 2 路 206 巷 68 弄 25 號	

日期	訂購者	種類與數量	地址	備註
	翁振清	45 斤 （1.5 斤 *30 份）		福州公會會員拿去南山祭祀先人
	濟福宮	227 斤	中西區河中街 32 號	
7/23	善德堂	120 斤 （1.5 斤 *80 份）	中西區普濟街 67 號	
	金鸞壇	50 斤（1 斤 *50 份）	南區新孝路 126 巷 9 號	
	廣慈郭	10 斤（5 斤 *2 份）		私人
	包仔	10 斤		私人
	普濟殿	78 斤 （1.5 斤 *52 份）	中西區普濟街 79 號	
	延平市場	296 斤 （2 斤 *148 份）	北區公園路 862 巷 17 號	
	共善堂	120 斤（2 斤 *60 份）	中西區慈聖街 65 號	
7/24	聖懿堂	135 斤（5 斤 *27 份）	南區金華路 1 段 352 巷 97 弄 16 號	
	景泰公司	60 斤	南區新義南路 42 號	鹽埕天后宮信徒，代鹽埕天后宮處理
	安平工業區	100 斤（5 斤 *9 份、2.5 斤 *22 份）	安平區	
	興尊宮	138 斤（3 斤 *46 份）	中西區觀亭街 96 號	
7/26	擇賢堂	22 斤	中西區中正路 21 巷 15 號	
	建成市場	46 斤（2 斤 *23 份）	北區公園路 455 號	延平國中對面（已廢）

日期	訂購者	種類與數量	地址	備註
	護崇宮	210 斤（2 斤 *30 份、1 斤 150 份）	東區小東路	
7/28	東嶽殿	120 斤（5 斤 *24 份）	中西區民權路 1 段 110 號	加 18 斤
7/29	正妙寺	60 斤（3 斤 *20 份）	東區前鋒路 129 號	
	厲王文安宮	36 斤	南區新慶街 10 巷 10 號	
8 月				
8/2	市農會	246 斤（2 斤 *123 份）	安南區怡安路 2 段 102 號	今果菜市場
	萬善堂	180 斤（2 斤 *50 份、5 斤 *16 份）	北區	
8/3	甕城腳（單行道 111 號）	91.5 斤（1.5 斤 *61 份）	中西區文賢路	街普
	共福堂	52 斤（1.5 斤 *35 份）	中西區民族路 3 段 176 巷 20 號	
8/6	東市場（菜舖）	170 斤	中西區青年路 164 巷 26 號	
8/12	友愛市場（肉舖）	140 斤（10 斤 *14 份）	中西區友愛街 117 號	
	友愛市場（菜舖）	230 斤（5 斤 *46 份）	中西區友愛街 117 號	
8/12	リ洛	10 斤		私人
	紅茶	10 斤		私人
8/16	東市場（肉舖）	50 斤	中西區青年路 164 巷 26 號	
	東市場（雜貨）	56 斤	中西區青年路 164 巷 26 號	
	東市場（魚舖）	80 斤（2 斤 *40 份）	中西區青年路 164 巷 26 號	

日期	訂購者	種類與數量	地址	備註
	開元市場 1 樓	102 斤（2 斤 *51 份）	北區開元路 124 號	蜜餞 2 付、三色粿 12 份、五秀 1 付、菜碗 2 付
	開元市場 2 樓	61.5 斤（1.5 斤 *41 份）	北區開元路 124 號	
	開元市場 3 樓	59 斤（2 斤 *27 份、5 斤 *1 份）	北區開元路 124 號	五秀 1 付、三色粿 27 份、菜碗 2 付
	鴨母寮市場	126 斤（2 斤 *63 份）	北區成功路 148 號	
	崇德市場	100 斤（1 斤 *100 份）	東區崇德路	
	小東市場	266 斤（2 斤 *128 份、5 斤 *2 份）	東區小東路 82 號	
	保安市場自治會	56 斤（2 斤 *28 份），另 3 斤私人	中西區郡西路 35 號	
	保安市場 1 樓（南）	52 斤（2 斤 *26 份）	中西區郡西路 35 號	
	保安市場 2 樓（南）	60 斤（2 斤 *30 份）	中西區郡西路 35 號	
	保安市場 2 樓（北）	42 斤（2 斤 *21 份）	中西區郡西路 35 號	
	保安市場 3 樓（南）	54 斤（2 斤 *27 份）	中西區郡西路 35 號	
	保安市場 3 樓（北）	76 斤（2 斤 *38 份）	中西區郡西路 35 號	
8/24	張黃貴美	5 斗米龜 *1 隻		小南城隍廟信徒
	鄭清鳳	4 斗米龜 *1 隻		小南城隍廟信徒

日期	訂購者	種類與數量	地址	備註
	張順財	3 斗米龜 *1 隻		小南城隍廟信徒
	黃天生	3 斗米龜 *1 隻		小南城隍廟信徒
	黃偉哲	1 斗米龜 *1 隻		小南城隍廟信徒
	小南城隍廟	米糕栫 100 斤（50 斤 *2 支）小龜 1 斤 *20 支	中西區開山路 289 號	
	黃太太	77.5 斤（6.5 斤 *7 份、2 斤 *16 份）		私人
9/20	尊王公壇	800 斤（中支 12 支）	中西區尊王路 125 號	
	鹽埕保安宮	300 斤（50 斤 *6、小支 *2 支）	南區鹽埕路 291 巷 32 弄 61 號	
	鄭清基	1 石 5 斗米龜 *1 隻		顯明殿信徒
	王水源	1 石 2 斗米龜 *1 隻		顯明殿信徒
10/19	兵工廠	80 斤 *6 支 小支 12 支	北區公園南路	
	南天府	1 石 2 斗米龜 *1 隻、1 石 1 斗米龜 *1 隻、1 石米龜 *1 隻、9 斗米龜 *2 隻、7 斗米龜 *1 隻、6 斗米龜 *1 隻、5 斗米龜 *1 隻、3 斗米龜 *4 隻、半斗米龜 *2 隻	東區裕豐街 214 巷 25 號	南天府至今量大致如此

上述日期為農曆　　　　　張耘書／整理

【民國 91 年 7、8 月銷售一覽】

日期	訂購者	種類與數量	地址	備註
7月				
7/1	牛頭牌	20 斤（5 斤 *4 份）	新市區大營里豐榮 160 號	
7/2	高太太	40 斤（1 斤 *40 份）		私人
7/6	安平福德祠	96 斤（3 斤 *32 份）	安平區	
7/8	興和宮	35 斤（1 斤 *25 份、5 斤 *2 份）	安平區府平路 432 號	
7/9	高太太	32 斤（5 斤 *6 份、2 斤 *1 份）		私人
7/10	白龍庵五靈堂	170 斤 1 斗米龜 *6 隻	北區崇安街 41 巷 6 號	
	臨安壇	48 斤	中西區尊王路	
	德善堂	20 斤	中西區普濟街	
	昆沙宮	66 斤 桌上型 6 支	中西區府前路 1 段 359 巷 2 號	
	永華宮	107 斤（1 斤 *90 份、2 斤 *5 份、7 斤 *1 份、3 斤 *1 份）	中西區府前路 1 段 196 巷 20 號	
7/12	牛頭牌	20 斤（5 斤 *4 份）	新市區大營里豐榮 160 號	機關行號
	清水寺	200 斤（50 斤 *4 支）	中西區開山路 3 巷 10 號	
	金華府	36 斤（1 斤 *18 份）	中西區神農街 71 號	
	白龍庵五靈堂	35 斤（5 斤 *7 份）	北區崇安街 41 巷 6 號	
7/13	牛頭牌	45 斤（5 斤 *9 份）	新市區大營里豐榮 160 號	機關行號

日期	訂購者	種類與數量	地址	備註
	鹽埕北極殿	620 斤 （5 斤 *124 份）	南區鹽埕路 159 巷 1 號	
	宏駿紙業	米糕豬 41 斤 *3 隻	新市區	機關行號
	龍山寺	62 斤 150 斤 *20 份	東區東門路 2 段 134 巷 27 號	
	忠榮	60 斤（3 斤 *20 份）		鹽埕保安宮 執事
7/14	南天府	600 斤 （110 斤 *3 份）	東區裕豐街 214 巷 25 號	
	龍山殿	150 斤（2 斤 *75 份）	東區府連路 434 號	
	雙良宮	100 斤（5 斤 *20 份）	北區公園北路 78 巷 32 號	
	私人自取	10 斤（5 斤 *2 份）		
	中華西路 1 段	70 斤	南區	
7/15	小南城隍廟	100 斤（50 斤 *2 份）	中西區開山路 289 號	
	平安宮	60 斤（30 斤 *2 份）	北區文賢 3 街 320 巷 96 號	
	郭	10 斤（5 斤 *2 份）		私人
	三官廟	22 斤（2 斤 *11 份）	中西區忠義路 2 段 40 號	
7/16	牛頭牌	80 斤（5 斤 *16 份）	新市區大營里 豐榮 160 號	機關行號
	漁會	793 斤（5 斤 *140 份、3 斤 *31 份）	安平區運河路 97 號	
	鹽埕保安宮	300 斤 （3 斤 *100 份）	南區鹽埕路 291 巷 32 弄 61 號	
	光明市場	60 斤（2 斤 *30 份）	東區光明街	

日期	訂購者	種類與數量	地址	備註
7/17	復興市場	247 斤（3 斤 *64 份、5 斤 *11 份）	中西區府前路 1 段 31 號	
	翁振清	45 斤（1.5 斤 *30 份）		福州人拿去南山祭祀先人
7/18	鹽埕保安宮	175 斤（5 斤 *20 份、3 斤 *25 份）	南區鹽埕路 291 巷 32 弄 61 號	
	武英殿	108 斤（1 斤 *103 份、5 斤 *1 份）	中西區大智街 135 號	
	尊王公壇	135 斤（3 斤 *45 份）	中西區尊王路 125 號	
	金安宮	64 斤（2 斤 *32 份）	中西區信義街 108 巷 59 號	
7/19	大菜市	75 斤（1.5 斤 *50 份）	中西區西門路 2 段 177 號	
	佛祖廟（慈蔭亭）	80 斤（4 斤 *20 份）	中西區新美街 50 巷 43 號	
7/20	六合社區	36 斤（2 斤 *18 份）	永康	
	開基武廟	195 斤（5 斤 *39 份）	中西區新美街 114 號	
	新孝路 172 巷	60 斤（3 斤 *20 份）	安平區	
	妙壽宮	60 斤（3 斤 *20 份）	安平區古堡街 1 號	
	清總宮	50 斤（5 斤 *10 份）	北區	
	良皇宮	42 斤	中西區府前路 1 段 340 號	
	萬福庵	92 斤（2 斤 *46 份）	中西區民族路 2 段 317 巷 5 號	
7/21	阿粉	120 斤（5 斤 *24 份）	安平區	金龍殿信徒普度會

日期	訂購者	種類與數量	地址	備註
7/22	濟福宮	255 斤	中西區河中街 32 號	
	五王市場	24 斤（2 斤 *12 份）	永康區中華 2 路 206 巷 68 弄 25 號	
7/23	金鑾壇	40 斤（1 斤 *40 份）	南區新孝路 126 巷 9 號	
	共善堂	130 斤（2 斤 *65 份）	中西區慈聖街 65 號	
	包仔	10 斤		私人
	善德堂	120 斤（1.5 斤 *80 份）	中西區普濟街 67 號	
	普濟殿	82.5 斤（1.5 斤 *55 份）	中西區普濟街 79 號	
	郭先生	5 斤		私人
	延平市場	292 斤（2 斤 *146 份）	北區公園路 862 巷 17 號	
	普濟殿	八寶米糕 150 斤	中西區普濟街 79 號	黃家敬獻
7/24	佛顗寺	260 斤（5 斤 *52 份）	新化區知義里 新和庄 12 號	
	聖懿堂	130 斤（5 斤 *26 份）	南區金華路 1 段 352 巷 97 弄 16 號	
	興尊宮	141 斤（3 斤 *47 份）	中西區觀亭街 96 號	
	景泰公司	90 斤（1.5 斤 *60 份）	南區新義南路 42 號	機關行號
	厲王文安宮	40 斤	南區新慶街 10 巷 10 號	
	武英殿	20 斤（0.5 斤 *40 份）	中西區大智街 135 號	

日期	訂購者	種類與數量	地址	備註
	廣州宮	150 斤（3 斤 *50 份）	中西區大德街 105 號	
7/26	德善堂	20 斤	中西區普濟街	
	建成市場	46 斤（2 斤 *23 份）	北區公園路 455 號	延平國中對面（已廢）
	護崇宮	230 斤（2 斤 *30 份、1 斤 *170 份）	東區小東路	
	阿粉	10 斤（25 斤 *2 份）		金龍殿信徒普度會
7/28	東嶽殿	120 斤（10 斤 *12 份）	中西區民權路 1 段 110 號	
	范王會（南廠）	6 支小支（桌上型）	中西區西門路 1 段 743 巷 26 號	
	安平工業區	120 斤（5 斤 *8 份、2 斤 *40 份）	安平區	
7/29	正妙寺	60 斤（3 斤 *20 份）	東區前鋒路 129 號	
	王太太	30 斤（5 斤 *6 份）		私人
8 月				
8/2	萬善堂	155 斤（2 斤 *40 份、5 斤 *15 份）	北區	
	市農會	244 斤（2 斤 *122 份）	安南區怡安路 2 段 102 號	今果菜市場
8/3	甕城腳	71 斤（1 斤 *70 份）	文賢路單行道	街普
	集福宮	45 斤（1.5 斤 *30 份）	中西區信義街 83 號	
	共福堂	45 斤	中西區民族路 3 段 176 巷 20 號	

日期	訂購者	種類與數量	地址	備註
8/6	東市場（菜舖）	160 斤	中西區青年路 164 巷 26 號	
8/12	友愛市場（肉舖）	140 斤（5 斤 *27 份）	中西區友愛街 117 號	
	友愛市場（菜舖）	175 斤（5 斤 *35 份）	中西區友愛街 117 號	
	友愛市場（魯麵）	1 斤 *10 份	中西區友愛街 117 號	
8/16	鴨母寮市場	120 斤（2 斤 *60 份）	北區成功路 148 號	
	開元市場 3 樓	52 斤（2 斤 *26 份）	北區開元路 124 號	三色粿 26 份、紅龜 12 個 *10、五秀 1 付、菜碗（乾、濕各一）、山珍海味 2 付、蜜餞 2 付
	開元市場 2 樓	58.5 斤（1.5 斤 *39 份）	北區開元路 124 號	
	保安市場 2 樓（南）	50 斤（2 斤 *25 份）	中西區郡西路 35 號	
	保安市場自治會	56 斤 +5 斤（2 斤 *28 份）	中西區郡西路 35 號	
	東市場（魚舖）	85 斤	中西區青年路 164 巷 26 號	
	東市場（菜舖）	45 斤	中西區青年路 164 巷 26 號	
	崇德市場	100 斤（1 斤 *100 份）	東區崇德路	
8/20	四海萬應公	105 斤		

日期	訂購者	種類與數量	地址	備註
9/5	黃太太	76 斤（6 斤 *6 份、2 斤 *20 份）		私人
	小南城隍廟	150 斤（50 斤 *1 支、100 斤 *1 支）5 斗米龜 *1 隻、4 斗米龜 *1 隻、3 斗米龜 *2 隻、1 斗米龜 *1 隻、1 斤小龜 50 隻	中西區開山路 289 號	
9/9	昆沙宮	小龜 1 斤 *10 隻、2 斤 *10 隻	中西區府前路 1 段 359 巷 2 號	太子爺誕辰
10/19	南天府	1 石 2 斗米龜 *1 隻、1 石 1 斗米龜 *1 隻、1 石米龜 *1 隻、9 斗米龜 *2 隻、7 斗米龜 *1 隻、6 斗米龜 *1 隻、5 斗米龜 *1 隻、3 斗米龜 *4 隻、半斗米龜 *2 隻	東區裕豐街 214 巷 25 號	
11/16	小東路	60 斤（2 斤 *30 份）	東區	私人
11/19	蔦松三老爺宮	120 斤	永康區蔦松一街蔦松里 96 號	

上述日期為農曆　　　　　　　　　　　　　　張耘書 / 整理

334

【民國 106 年 7、8 月銷售一覽】

日期	訂購者	種類與數量	地址	備註
7 月				
7/6	洪忠義	36 斤（1 斤 *36 份）		私人
	臨安壇	27 斤（1 斤 *27 份）	中西區尊王路	
7/8	永合香餅舖	30 斤（1 斤 *30 份）	中西區西門路 1 段 1 號	
	自拿	4 斤		私人
7/10	昆沙宮	60 斤（10 斤 *6 支）	中西區府前路 1 段 359 巷 2 號	
	拱福宮	20 斤（10 斤 *2 支）	北區西門路 4 段 1 巷 64 號	
	歐先生	10 斤（1 斤 *10 份）		私人
	永華宮	120 斤（1 斤 *120 份）	中西區府前路 1 段 196 巷 20 號	
	振來發餅舖	20 斤（10 斤 *2 支）	中西區民族路 3 段 209 號	
	大智街	50 斤（5 斤 *10 份）	中西區	
7/11	蔡先生	真空包 60 份		私人
	李先生	15 斤（1 斤 *15 份）		私人
	好帝一	30 斤（5 斤 *6 份）	新市區大營村豐榮 160 號	機關行號
7/12	清水寺	25 斤（25 斤 *1 支）	中西區開山路 3 巷 10 號	
	進安宮	75 斤（1 斤 4 兩 *60 份）	永康區大橋一街 103 巷 139 號	
	好帝一	15 斤（5 斤 *3 份）	新市區大營村豐榮 160 號	機關行號

日期	訂購者	種類與數量	地址	備註
	振來發餅舖	12 斤（1 斤 *12 份）	中西區民族路 3 段 209 號	
7/13	鹽埕北極殿	廟內 490 斤 630 斤	南區鹽埕路 159 巷 1 號	甜粿 2 斤 *56 個 鹹粿 2 斤 *56 個 發粿 1 斤 *56 個 三色粿、佛手 56 付 菜碗 4 付 水族 32 隻 道士壇 紅圓 *20 個 發粿 *20 個 小糕 *4 包 餅乾 *3 包 糖果 *3 斤 佛手、三色粿 *10 份 菜碗 *1 付
	鹽埕北極殿（外）	黃文霸 5 斤、柯進義 10 斤、林國義 50 斤、老人會 10 斤、工作人員 35 斤、預備 30 斤	南區鹽埕路 159 巷 1 號	
	陳先生	真空包 15 份		私人
	姬先生	10 斤（10 斤 *1 支）		私人
	龍山寺	15 斤（250 元 *5 份）	東區東門路 2 段 134 巷 27 號	
	振來發餅舖	20 斤（10 斤 *2 支）	中西區民族路 3 段 209 號	
	北成路	20 斤（10 斤 *2 支）	北區	
	黃太太	20 斤（10 斤 *2 支）		私人

日期	訂購者	種類與數量	地址	備註
	高小姐	20 斤（10 斤 *2 支）		私人
	景泰塑膠	120 斤（2 斤 *60 份）	南區新義南路 42 號	機關行號
	劉太太	20 斤（10 斤 *2 支）		私人
7/14	雙良宮	125 斤（5 斤 *25 份）	北區公園北路 78 巷 32 號	
	龍山殿	120 斤（1 斤 *120 份）	東區府連路 434 號	
	振來發餅舖	38 斤（10 斤 *2 支、1 斤 *18 份）	中西區民族路 3 段 209 號	
	南天府	8000 斤（100 斤 *8 支）	東區裕豐街 214 巷 25 號	
	安定梁先生	20 斤（10 斤 *2 支）	安定區	
	好帝一	40 斤（5 斤 *8 份）	新市區大營村豐榮 160 號	機關行號
	高雄郭小姐	20 斤（10 斤 *2 支）	高雄	私人
	邱先生	真空 3 份		私人
	西和路	20 斤（1 斤 *20 份）	中西區府前路 1 段 31 號	
	王文玲	真空包 10 份		私人
7/15	蕙華殿	10 斤（10 斤 1 支）	北區文成三路 908 號	
	六合社區	16 斤（1 斤 *16 份）	永康	
	林先生	20 斤（10 斤 *2 支）		私人
	三官廟	10 斤（1 斤 *10 份）	中西區忠義路 2 段 40 號	
	歐先生	12 斤（1 斤 *12 份）		私人
7/16	鹽埕保安宮	300 斤（1.5 斤 *100 份、3 斤 *50 份）	南區鹽埕路 291 巷 32 弄 61 號	

日期	訂購者	種類與數量	地址	備註
	金華市場	78 斤	南區金華路 2 段 33 巷 79 號	
	仁壽宮	100 斤（50 斤 2 支）	歸仁區文化街 2 段 16 號	
	小東市場	109 斤（1 斤 *109 份）	東區小東路 82 號	
	臺南人劇場	真空包 46 份		
7/17	復興市場	120 斤（3 斤 *40 份）	中西區府前路 1 段 31 號	
	好帝一	40 斤（5 斤 *8 份）	新市區大營村豐榮 160 號	機關行號
7/18	朱小姐	25 斤（1 斤 *25 份）		私人
	天池壇	50 斤（1 斤 *50 份）	中西區大仁街 19 號	
	保安宮	50 斤（2 斤 *25 份）	中西區保安路 90 號	
	開基武廟	122 斤（2 斤 *61 份）	中西區新美街 114 號	
	金安宮	45 斤（1.5 斤 *30 份）	中西區信義街 108 巷 61 號	
	武英殿	139 斤（1 斤 *139 份）	中西區大智街 135 號	
	水門宮	90 斤（1 斤 *90 份）	南區仁南街 86 號	
	尊王公壇	36 斤（1 斤 *36 份）	中西區尊王路 125 號	
	振來發餅舖	17 斤（1 斤 *17 份）	中西區民族路 3 段 209 號	
7/19	翁毓章	20 斤（10 斤 *2 支）		私人
	佛顯寺	120 斤（2 斤 *60 份）	新化區知義里新和庄 12 號	

日期	訂購者	種類與數量	地址	備註
	永合香餅舖	6 斤（2 斤 *3 份）	中西區西門路 1 段 1 號	
	振來發餅舖	40 斤（10 斤 *2 支、1 斤 *20 份）	中西區民族路 3 段 209 號	
	蘇先生	6 斤（1 斤 *6 份）		私人
7/20	西來庵	48 斤（1 斤 *48 份）	北區大興街 178 號	
	臺北無極王母瑤池宮	150 斤（50 斤 *3 支）	臺北	
	良皇宮	45 斤 100 元 *36 份	中西區府前路 1 段 340 號	
	廣安宮	50 斤（1 斤 *50 份）	中西區民族路 2 段 230 號	
	楊仁徵	米糕豬 20 斤		私人
	玉興堂	60 斤（10 斤 *2 支、5 斤 *8 份）	安平	
	小城隍廟	100 斤（1 斤 *100 份）	中西區開山路 289 號	
	妙壽宮	50 斤（2 斤 *25 份）	安平區古堡街 1 號	
	伍德宮	30 斤（10 斤 *3 支）	安平	
	正德堂	10 斤（1 斤 *10 份）	中西區正德街 38 號	
	萬福庵	96 斤（2 斤 *48 份）	中西區民族路 2 段 317 巷 5 號	
	林先生	20 斤（10 斤 *2 支）		私人
7/21	金龍殿	290 斤（120 斤 *2 支、25 斤 *2 支）	安平區古堡街 58 號	
7/22	五王市場	18 斤（2 斤 *9 份）	永康區中華 2 路 206 巷 68 弄 25 號	

日期	訂購者	種類與數量	地址	備註
	王太太	30 斤（1 斤 *30 份）		私人
	濟福宮	50 斤（25 斤 *2 支）	中西區河中街 32 號	
7/23	SONY	8 斤（1 斤 *8 份）		店家
	成德社區	60 斤（10 斤 *6 支）	北區文成一路 20 號	甜粿 1 斤 *30 個 鹹粿 1.5 斤 *30 個 大敬包 1 個 紅圓 12 個 佛手、佛包、三色粿各 36 個
	善德堂	45 斤（1 斤 *45 份）	中西區普濟街 67 號	
	振來發餅舖	250 斤（0.5 斤 *500 份）	中西區民族路 3 段 209 號	交鳳山宮
	普濟殿	120 斤		甜粿 108 個 鹹粿 108 個 發粿 108 個 三色粿、佛手、佛包各 108 個
	振來發餅舖	20 斤（1 斤 *20 份）	中西區民族路 3 段 209 號	
	共善堂	124 斤（2 斤 *62 份）	中西區慈聖街 65 號	
7/24	景泰塑膠	80 斤（02 斤 *40 份）	南區新義南路 42 號	機關行號
	聖懿堂	90 斤（3 斤 *30 份）	南區金華路 1 段 352 巷 97 弄 16 號	
	小東福德	77 斤（100 元 *65 份）	東區	

日期	訂購者	種類與數量	地址	備註
	興尊宮	41 斤（1 斤 *41 份）	中西區觀亭街 96 號	
7/25	忠澤堂	50 斤（1 斤 *50 份）	中西區新美街 181 號	
	郭麗雪	50 斤（25 斤 *2 支）		私人
	好帝一	60 斤（5 斤 *12 份）	新市區大營村豐榮 160 號	機關行號
7/26	李先生	10 斤（1 斤 *10 份）		私人
	好帝一	60 斤（5 斤 *12 份）	新市區大營村豐榮 160 號	機關行號
	林易玄	10 斤（10 斤 * 支）		私人
	SONY	3 斤		店家
7/27	蘇先生	6 斤（1 斤 *6 份）		私人
	普濟堂	50 斤（25 斤 *2 支）	安平區府平路	
	范王公	60 斤（1 斤 *60 份）		
	振來發餅舖	10 斤（1 斤 *10 份）	中西區民族路 3 段 209 號	
7/28	東嶽殿	75 斤（3 斤 *25 份）	中西區民權路 1 段 110 號	
	SONY	6 斤（1 斤 *6 份）		店家
8 月				
8/2	萬善堂	148 斤（4 斤 *17 份、2 斤 *40 份）	北區	
8/12	友愛市場（菜舖）	75 斤（3 斤 *25 份）	中西區友愛街 117 號	
	友愛市場（肉舖）	27 斤（3 斤 *9 份）	中西區友愛街 117 號	
	自拿	200 元		私人
8/16	開元市場 2 樓	48 斤（1.5 斤 *32 份）	北區開元路 124 號	

日期	訂購者	種類與數量	地址	備註
	開元市場1樓	45斤 （1.5斤*30份）	北區開元路124號	
	保安市場自治會	28斤（2斤*14份）	中西區郡西路35號	
	保安市場（肉舖）	28斤（2斤*14份）	中西區郡西路35號	
	保安市場（魚舖）	40斤（2斤*20份）	中西區郡西路35號	
	鴨母寮市場	64斤（2斤*32份）	北區成功路148號	
	崇德市場	121斤 （1斤*121份）	東區崇德路304號	
8/23	喜樹萬皇宮	300斤（50斤*6支）	南區喜樹路222巷52號	

上述日期為農曆　　　　　　　　　　　　張耘書／整理

【民國 107 年 7、8 月銷售一覽】

日期	訂購者	種類與數量	地址	備註
7 月				
7/2	洪忠義	36 斤（1 斤 *36 份）		私人
7/3	永合香餅舖	30 斤（1 斤 *30 份）	中西區西門路 1 段 1 號	
7/6	振來發餅舖	50 斤（10 斤 *1 支、其餘 4 支包裝）	中西區民族路 3 段 209 號	
7/7	玉井三清宮	200 斤（10 斤 *20 支）	玉井區竹圍里竹圍 149 之 3 號	
	自取	8 斤（2 斤 *4 份）		私人
7/8	永合香餅舖	36 斤（1 斤 *36 份）	中西區西門路 1 段 1 號	
7/9	北成路	20 斤（10 斤 *2 支）	北區	私人
7/10	拱福宮	20 斤（10 斤 *2 支）	北區西門路 4 段 1 巷 64 號	
	昆沙宮	60 斤（10 斤 *6 支）	中西區府前路 1 段 359 巷 2 號	
	黃太太	60 斤（5 斤 *12 份）	中西區大智街	私人
	開隆宮	36 斤（2 斤 *18 份）		
	永華宮	60 斤（1 斤 *60 份）	中西區府前路 1 段 196 巷 20 號	
	好帝一	30 斤（5 斤 *6 份）	新市區大營村豐榮 160 號	機關行號
7/11	自取	25 斤		
7/12	好帝一	40 斤（5 斤 *8 份）	新市區大營村豐榮 160 號	機關行號
	進安宮	90 斤（85 元 *80 份）	永康區大橋一街 103 巷 139 號	

日期	訂購者	種類與數量	地址	備註
	永合香餅舖	20 斤（10 斤 *2 支）	中西區西門路 1 段 1 號	
	振來發餅舖	20 斤（10 斤 *2 支）	中西區民族路 3 段 209 號	
7/12	清水寺	25 斤（25 斤 *1 支）	中西區開山路 3 巷 10 號	
	進安宮	75 斤（1 斤 4 兩 *60 份）	永康區大橋一街 103 巷 139 號	
	好帝一	15 斤（5 斤 *3 份）	新市區大營村豐榮 160 號	機關行號
	振來發餅舖	12 斤（1 斤 *12 份）	中西區民族路 3 段 209 號	
7/13	鹽埕北極殿	740 斤（廟方 605 斤、私人 135 斤）	南區鹽埕路 159 巷 1 號	甜粿 2 斤 *53 個 鹹粿 2 斤 *53 個 發粿 1 斤 *36 個 三色粿、佛手 53 付 菜碗 4 付 水族 32 隻 道士壇 紅圓 *20 個 發粿 *20 個 小糕 *4 包 餅乾 *3 包 糖果 *3 斤 佛手、三色粿 *10 份 菜碗 *1 付
	景泰塑膠	120 斤（2 斤 *60 份）	南區新義南路 42 號	機關行號
	龍山寺	20 斤（250 元 *6 份）	東區東門路 2 段 134 巷 27 號	

日期	訂購者	種類與數量	地址	備註
	高小姐	22 斤（10 斤 *2 支、2 斤 *1 份）		私人
	振來發餅舖	6 斤（6 斤 *1 份）	中西區民族路 3 段 209 號	
	美娜	真空 6 份		私人
7/14	南天府	8000 斤（100 斤 *8 支）	東區裕豐街 214 巷 25 號	
	龍山殿	120 斤（1 斤 *120 份）	東區府連路 434 號	
	安定梁先生	20 斤（10 斤 *2 支）	安定區	私人
	振來發餅舖	48 斤（10 斤 *3 支、1 斤 *18 份）	中西區民族路 3 段 209 號	
	文資處	20 斤	中西區中正路 5 巷 1 號 3 樓	機關行號
7/15	平安宮	20 斤（10 斤 *2 支）	北區文賢 3 街 320 巷 96 號	
	自取	真空包 4 包		
	惠華殿	10 斤（10 斤 1 支）	北區文成三路 908 號	
	六合社區	30 斤（2 斤 *15 份）	永康	
	三官廟	10 斤（1 斤 *10 份）	中西區忠義路 2 段 40 號	
	振來發餅舖	52 斤（1 斤 *10 支、1 斤 *12 份、10 斤 *3 支）	中西區民族路 3 段 209 號	
	仁厚境土地廟	20 斤（10 斤 *2 支）	中西區府前路 1 段 85 巷 20 號	
	蔡孟安	真空包 5 包		私人
7/16	鹽埕保安宮	300 斤（1.5 斤 *100 份、3 斤 *50 份）	南區鹽埕路 291 巷 32 弄 61 號	

日期	訂購者	種類與數量	地址	備註
	忠榮（保安宮）	100 斤（3 斤 *33 份）		
	仁壽宮	100 斤（50 斤 2 支）	歸仁區文化街 2 段 16 號	
	小東市場	103 斤（1 斤 *103 份）	東區小東路 82 號	
	李先生	100 斤（50 斤 *2 支）		私人
	楊先生	20 斤（20 斤 *1 支）		私人
	振來發餅舖	45 斤（2 斤 *20 份、1 斤 *5 份）	中西區民族路 3 段 209 號	
	西來庵	48 斤（1 斤 *48 份）	北區大興街 178 號	
7/17	好帝一	40 斤（5 斤 *8 份）	新市區大營村豐榮 160 號	機關行號
	玉井三清宮	20 斤（10 斤 *2 支）	玉井區竹圍里竹圍 149 之 3 號	
	宅配	真空包 10 份		私人
7/18	天池壇	50 斤（1 斤 *50 份）	中西區大仁街 19 號	
	金安宮	74 斤（2 斤 *37 份）	中西區信義街 108 巷 61 號	
	開基武廟	122 斤（2 斤 *61 份）	中西區新美街 114 號	
	武英殿	132 斤（1 斤 *132 份）	中西區大智街 135 號	
	保安宮	119 斤（2 斤 *22 份、1 斤 *65 份、另 10 份）	中西區保安路 90 號	
	水門宮	88 斤（1 斤 *88 份）	南區仁南街 86 號	

日期	訂購者	種類與數量	地址	備註
	尊王公壇	35 斤（1 斤 *35 份）	中西區尊王路 125 號	
	金華市場	78 斤	南區金華路 2 段 33 巷 79 號	
	鹽埕北極殿	605 斤	南區鹽埕路 159 巷 1 號	
7/19	吳宗儒	真空包 6 份 真空包宅配 10 份		私人
7/20	良皇宮	36 斤 100 元 *31 份	中西區府前路 1 段 340 號	
	妙壽宮	50 斤（2 斤 *25 份）	安平區古堡街 1 號	
	伍德宮	30 斤（10 斤 *3 支）	安平	
	廣安宮	50 斤（1 斤 *50 份）	中西區民族路 2 段 230 號	
	萬福庵	90 斤（2 斤 *45 份）	中西區民族路 2 段 317 巷 5 號	
	好帝一	60 斤（5 斤 *12 份）	新市區大營村豐榮 160 號	機關行號
	正德堂	20 斤（10 斤 *2 支）	中西區正德街 38 號	
7/21	金龍殿	290 斤（120 斤 *2 支、25 斤 *2 支）	安平區古堡街 58 號	
	振來發餅舖	30 斤（10 斤 *3 支）	中西區民族路 3 段 209 號	
7/22	五王市場	16 斤（2 斤 *8 份）	永康區中華 2 路 206 巷 68 弄 25 號	
	蔡昇峰	5 斤（1 斤 *5 份）		私人
	濟福宮	50 斤（25 斤 *2 支）	中西區河中街 32 號	

日期	訂購者	種類與數量	地址	備註
	振來發餅舖	20 斤（1 斤 *20 份）	中西區民族路 3 段 209 號	
	永合香餅舖	6 斤（1 斤 *6 份）	中西區西門路 1 段 1 號	
7/23	臺北無極王母瑤池宮	150 斤（50 斤 *3 支）	臺北	
	善德堂	43 斤（1 斤 *43 份）	中西區普濟街 67 號	
	普濟殿	145 斤 八寶 150 斤		甜粿 108 個 鹹粿 108 個 發粿 108 個 三色粿、佛手、佛包各 108 個
	成德社區	60 斤（10 斤 *6 支）	北區文成一路 20 號	甜粿 1 斤 *30 個 大敬包 1 個 紅圓 12 個 佛手、佛包、三色粿各 36 個
	佛顯寺	120 斤（2 斤 *60 份）	新化區知義里新和庄 12 號	
	振來發餅舖	250 斤（0.5 斤 *500 份）	中西區民族路 3 段 209 號	交鳳山宮
	共善堂	136 斤（2 斤 *68 份）	中西區慈聖街 65 號	
	安平玉興堂	35 斤（5 斤 *7 份）	安平	
7/24	景泰塑膠	80 斤（02 斤 *40 份）	南區新義南路 42 號	機關行號
	聖懿堂	62.5 斤（2.5 斤 *25 份）	南區金華路 1 段 352 巷 97 弄 16 號	

日期	訂購者	種類與數量	地址	備註
	小東福德祠	85 斤（100 元 *75 份）	東區	
	興尊宮	41 斤（1 斤 *41 份）	中西區觀亭街 96 號	
7/25	忠澤堂	57 斤（1 斤 *57 份）	中西區新美街 181 號	
	王太太	30 斤（1 斤 *30 份）		私人
7/27	振來發餅舖	6 斤（1 斤 *6 份）宅配真空包 8 份	中西區民族路 3 段 209 號	
7/28	東嶽殿	120 斤（10 斤 *12 支）	中西區民權路 1 段 110 號	
	聚宋宮	36.5 斤（0.5 斤 *73 份）		
7/29	賴友翟	真空包 9 份		私人
	SONY	5 斤（1 斤 *5 份）		店家
	林易玄	10 斤（1 斤 *1 支）		私人
7/30	范王公	60 斤（1 斤 *60 份）		
8月				
8/2	萬善堂	168 斤（4 斤 *17 份、2 斤 *50 份）	北區	
8/5	李小姐	龜 10 斤		私人
8/12	友愛市場（菜舖）	69 斤（3 斤 *23 份）	中西區友愛街 117 號	
	友愛市場（肉舖）	50 斤（5 斤 *9 份、3 斤 *1 份、2 斤 *1 份）	中西區友愛街 117 號	
8/16	開元市場 1 樓	48 斤（1.5 斤 *32 份）	北區開元路 124 號	
	開元市場 2 樓	45 斤（1.5 斤 *30 份）	北區開元路 124 號	

日期	訂購者	種類與數量	地址	備註
	鴨母寮市場	60 斤（2 斤 *30 份）	北區成功路 148 號	
	保安市場（肉舖）	26 斤（2 斤 *13 份）	中西區郡西路 35 號	
	保安市場（魚舖）	38 斤（2 斤 *19 份）	中西區郡西路 35 號	
	崇德市場	120 斤（1 斤 *120 份）	東區崇德路 304 號	
8/20	慶福堂	半斗龜 *2 隻	中西區	
8/23	喜樹萬皇宮	300 斤（50 斤 *6 支）	南區喜樹路 222 巷 52 號	

上述日期為農曆　　　　　　　　　　　　　　　　　　張耘書 / 整理

附錄二

本淵寮黃家普度米糕餞銷售一覽

【民國 95 年 7、8 月銷售一覽】

日期	訂購者	種類與數量	地址	備註
7 月				
7/4	益士林餅舖	117 斤 （1 斤 *117 份）	南區新興路 127 號	
7/6	和緯黃昏市場	163 斤 （1 斤 *163 份）	北區和緯路 4 段 426 號	
	慶安宮	40 斤（1 斤 *40 份）		
7/9	安平靈濟殿	300 斤（50 斤 *6 支）	安平區安平路 75 巷 18 弄 2 號	
	大東市場	100 斤（50 斤 *2 支）	東區林森路 1 段 276 號	
	新永珍餅舖	132 斤（4 斤 *33 份）	中西區神農街 26 號	
7/11	媽祖宮	240 斤 （20 斤 *12 支）		甜粿 6 斤 鹹粿 10 斤 發粿 6 斤 三色粿 60 包
7/12	益士林餅舖	72 斤（10 斤 *6 支、 12 斤 *1 份）	南區新興路 127 號	
7/13	慶安宮	45 斤（1 斤 *45 份）		
	大港寮	56 斤（1 斤 *56 份）	北區	
	舊來發餅舖	42 斤（6 斤 *2 份、 1 斤半 *20 份）	北區自強街 15 號	

351

日期	訂購者	種類與數量	地址	備註
	瑞香珍餅舖	200 斤（1 斤半 *134 份）	南區南寧街 153 號	
	富發餅舖	60 斤（1 斤 *60 份）	中西區神農街 18 號	
7/14	保生殿（國民路）	24 斤（2 斤 *12 份）	南區國民路 165 巷 62 號	甜粿 1 斤 *12 份 鹹粿 1 斤 *16 份 發粿 10 斤 三色粿 12 份
	勝安宮	175 斤（5 斤 *35 份）	北區開元路 183 巷 16 號	
	大港寮	39 斤（1 斤 *39 份）	北區	
	舊來發餅舖	40 斤（2 斤 *20 份）	北區自強街 15 號	
	新永珍餅舖	46 斤（2 斤 *23 份）	中西區神農街 26 號	
	明池	120 斤（10 斤 *12 支）		私人
7/15	大埔福德祠	220 斤（1 斤 *220 份）	中西區開山路 203 號	
	天保壇	100 斤（50 斤 *2 支）	東區裕農路 288 巷 163 弄 1-10 號	
	大港寮	6 斤（1 斤 *6 份）	北區	
	佳里漢強企業 萊芊寮強新企業	120 斤（30 斤 *4 支）	佳里區海澄里 萊芊寮 12-19 號	
	安平西龍殿	100 斤（5 斤 *20 份）	安平區國勝路 35 巷 12 號	
	臨安路 1 段 225 號	10 斤（1 斤 *10 份）		私人

日期	訂購者	種類與數量	地址	備註
	瑞香珍餅舖	355 斤（5 斤 *71 份）	南區南寧街 153 號	
	富發餅舖	44 斤（1 斤 *44 份）	中西區神農街 18 號	
7/16	海安宮	100 斤（50 斤 *2 支）	中西區金華路 4 段 44 巷 31 號	
	保安宮前	54 斤 （1 斤半 *36 份）		
	大港寮	30 斤（1 斤 *30 份）	北區	
	松香餅舖	380 斤 （10 斤 *38 份）	北區成功路 146 號	
	瑞香珍餅舖	175 斤（3 斤 *45 份、 2 斤 *20 份）	南區南寧街 153 號	
	明池	100 斤（50 斤 *2 支）		私人
7/17	文賢市場	102 斤 （1 斤 *102 份）	安南區國安街 157 號	
	舊來發餅舖	50 斤（5 斤 *10 份）	北區自強街 15 號	
7/18	本淵寮	50 斤（1 斤 *50 份）		
	保安宮前	90 斤（5 斤 *18 份）		
	? 南宮	348 斤 （1 斤半 *220 份、 2 斤 *9 份）		原紀錄字跡 模糊
	大港寮	124 斤（10 斤 *10 支、1 斤 *24 份）	北區	
	大港寮瑤池金 母	100 斤 （10 斤 *10 支）	北區	

日期	訂購者	種類與數量	地址	備註
	龍鳳宮	74 斤（2 斤 *37 份）	安南區安中路 1 段 354 巷 32 弄 22 之 1 號	甜粿 1 斤半 37 份 鹹粿 1 斤半 37 份 發粿 10 斤 三色粿 37 份
7/19	元和宮	100 斤（50 斤 *2 支）	北區北華街 311 號	
	舊來發餅舖	196 斤（10 斤 *4 支、2 斤 *58 份、1 斤 *40 份）	北區自強街 15 號	
7/20	玉井顯正殿	100 斤（50 斤 *2 支）	玉井區竹圍里 30 之 60 號	
	南佑宮	100 斤（50 斤 *2 支）		
	南聖宮	60 斤（30 斤 *2 支）	東區富農街 2 段 108 巷 11 號	
	舊來發餅舖	12 斤（2 斤 *6 份）	北區自強街 15 號	
	富發餅舖	78 斤（2 斤 *39 份）	中西區神農街 18 號	
	益士林餅舖	34 斤（10 斤 *3 支、2 斤 *2 份）	南區新興路 127 號	
	元豐麵包	20 斤（1 斤 *20 份）	北區南園街 153 巷 16 號	
	春玉	43 斤（2 斤 *20 份、3 斤 *1 份）		私人
7/21	安平廣濟宮	40 斤（2 斤 *20 份）	安平區效忠街 33 號	
	東土地公廟	40 斤（2 斤半 *16 份）		

日期	訂購者	種類與數量	地址	備註
	海尾順天宮	100斤（1斤*80份、10斤*2支）	安南區海佃路2段265巷30弄2-5號	
	神興宮	62斤（1斤*62份）	中西區民生路2段21號	甜粿62份鹹粿62份粳粽62份發粿10斤三色粿30份佛手15對
	海尾餅店	2斤一塊	安南區	
	益士林餅舖	57斤（3斤*19份）	南區新興路127號	
7/22	大港寮	62斤（1斤*62份）		
7/23	大港寮	10斤（1斤*10份）		
7/24	振香珍餅舖	20斤（10斤*2支）	中西區民生路1段156巷25號	
7/25	舊來發餅舖	119斤（2斤*49份、10斤半*2份）	北區自強街15號	
	振香珍餅舖	60斤（10斤*6支）	中西區民生路1段156巷25號	
7/26	保安宮前	52斤（2斤*26份）		
	益士林餅舖	49斤（1斤*49份）	南區新興路127號	
	大港寮	15斤（1斤*15份）	北區	
7/27	樣仔林	260斤（100斤*2支、30斤*2支）		
	文賢市場後	43斤（1斤*43份）		私人
7/28	安平弘濟宮	160斤（3斤*20份、5斤*20份）	安平區運河路40巷3號	

日期	訂購者	種類與數量	地址	備註
7/29	大港寮	20 斤（10 斤 *2 支）	北區	
	許平	20 斤（10 斤 *2 支）		私人
8 月				
8/2	保生宮前	15 斤（1 斤 *15 份）		
8/3	集福宮	96.5 斤 （1 斤半 *61 份 5 斤 *1 份）	中西區信義街 83 號	
	富發餅舖	80 斤（1 斤 *80 份）	中西區神農街 18 號	
8/6	新永珍餅舖	70 斤（3 斤 *20 份、 5 斤 *2 份）	中西區神農街 26 號	
8/10	保生宮	175 斤（5 斤 *35 份）		
	舊來發餅舖	175 斤（5 斤 *35 份）	北區自強街 15 號	
	新永珍餅舖	39 斤（1 斤 *39 份）	中西區神農街 26 號	
8/12	舊來發餅舖	20 斤（1 斤 *20 份）	北區自強街 15 號	
8/16	大港寮（郭）	10 斤（5 斤 *2 份）		
	開元市場一樓	84 斤（2 斤 *42 份）	北區開元路 124 號	
	保安市場	61 斤 （1 斤半 *26 份 2 斤 *22 份）	中西區郡西路 35 號	
	新永珍餅舖	145 斤 （1 斤 *145 份）	中西區神農街 26 號	
8/20	小北攤販	500 斤 （2 斤 *250 份）	北區西門路 4 段 101 號	三色粿 250 份 粳粽 250 份 芋頭 250 顆
8/26	富發餅舖	20 斤（2 斤 *10 份）	中西區神農街 18 號	

上述日期為農曆

張耘書／整理

356

【民國 96 年 7、8 月銷售一覽】

日期	訂購者	種類與數量	地址	備註
7 月				
7/4	益士林餅舖	110 斤 （1 斤 *110 份）		
7/5	開元市場	260 斤 （1 斤 *260 份）	北區開元路 124 號	
7/6	和緯市場	165 斤 （1 斤 *165 份）	北區和緯路 4 段 426 號	
7/7	慶安宮	45 斤（1 斤 *45 份）		
	關廟王爺廟	100 斤（50 斤 *2 支）	關廟	
	安和路 1 段 288 巷 65 號	50 斤（1 斤 *50 份）		私人
7/8	舊來發餅舖	20 斤（1 斤 *20 份）	北區自強街 15 號	
7/9	港仔尾	300 斤（10 斤 *20 支、50 斤 *2 支）		
7/10	新永珍餅舖	142 斤（4 斤 *33 份 2 斤 *5 份）	中西區神農街 26 號	
7/12	番仔寮（楊）	米糕豬 20 斤		私人
7/13	大港寮	20 斤（1 斤 *20 份）	北區	
	富發餅舖	65 斤（1 斤 *65 份）	中西區神農街 18 號	
	瑞香珍餅舖	300 斤 （1 斤半 *200 份）	南區南寧街 153 號	
7/14	保生殿	24 斤（2 斤 *12 份）		甜粿 1 斤 *12 份 鹹粿 1 斤 *16 份 發粿 10 斤 三色粿 12 份

日期	訂購者	種類與數量	地址	備註
	勝安宮	200斤（5斤*40份）	北區	
	保安宮	34斤（2斤*17份）		
	大港寮	50斤（1斤*50份）	北區	
	明池	120斤（10斤*12支）		私人
	舊來發餅舖	40斤（2斤*20份）	北區自強街15號	
	益士林餅舖	12斤（12斤*1份）	南區新興路127號	
	新永珍餅舖	52斤（2斤*26份）	中西區神農街26號	
7/15	天保壇	100斤（50斤*2支）	東區裕農路288巷163弄1-10號	
	佳里廠	1200（30斤*40支）		
	四草大眾廟	100斤（50斤*2支）	安南區大眾路360號	
	安平西龍殿	60斤（5斤*12份）	安平區國勝路35巷12號	
	保生殿	12斤（1斤*12份）	南區國民路165巷62號	甜粿12份鹹粿12份三色粿12份
	大港寮	6斤（1斤*6份）	北區	
	富盛餅舖	120斤（60斤*2支）	安南區公學路4段122巷5弄13號	
	益士林餅舖	15斤（3斤*5份）	南區新興路127號	
	富發餅舖	44斤（1斤*44份）	中西區神農街18號	

日期	訂購者	種類與數量	地址	備註
	瑞香珍餅舖	356斤（5斤*60份 2斤半*28份	南區南寧街 153號	
7/16	金義珍餅舖	142斤 （1斤*142份）	中西區永福路 2段63巷8號	
	松香餅舖	420斤 （10斤*42份）	北區成功路 146號	
	明池	100斤（50斤*2支）		私人
	瑞香珍餅舖	166斤（2斤*20份、 3斤*42份）	南區南寧街 153號	
7/17	文賢市場	115斤 （1斤*115份）	安南區國安街 157號	
	大港寮	10斤（1斤*10份）	北區	
	舊來發餅舖	60斤（5斤*12份）	北區自強街 15號	
	東市場	100斤（50斤*2支）	中西區青年路 164巷26號	
	大港街瑤池金母	40斤（20斤*2支）	北區	私人
7/18	本淵寮	50斤（1斤*50份）		
	龍鳳宮	264斤（10斤*20 支、2斤*32份）	安南區安中路 1段354巷32 弄22之1號	甜粿1斤半 *32份 鹹粿2斤 *32份 三色粿32 份
	元和宮	50斤（50斤*1支）	北區北華街 311號	
	保安宮	48斤（2斤*24份）		
	大興街瑤池金母	20斤（10斤*2支）	北區	
7/19	舊來發餅舖	97斤（1斤*97份）	北區自強街 15號	

日期	訂購者	種類與數量	地址	備註
7/20	南聖宮	60 斤（30 斤 *2 支）	東區富農街 2 段 108 巷 11 號	
	南佑宮	100 斤（50 斤 *2 支）		
	大港寮	10 斤（1 斤 *10 份）	北區	
	保安宮	74 斤（2 斤 *37 份）		
	舊來發餅舖	36 斤（2 斤 *18 份）	北區自強街 15 號	
	大灣	180 斤（30 斤 *6 支）		
	西賢活動中心	40 斤（10 斤 *4 支）	中西區	私人
7/21	東土地公廟	40 斤（2 斤半 *16 份）		
	安平廣濟宮	40 斤（2 斤 *20 份）	安平區效忠街 33 號	
	神興宮	134 斤（2 斤 *67 份）	中西區民生路 2 段 21 號	甜粿 67 份 鹹粿 67 份 粳粽 67 份 發粿 10 斤 三色粿 20 份 佛手 15 對
	大港寮	21 斤（1 斤 *21 份）	北區	
	玉井	100 斤（50 斤 *2 支）	玉井區	
	舊來發餅舖	15 斤（1 斤半 *10 份）	北區自強街 15 號	
	益士林餅舖	48 斤（3 斤 *16 份）	南區新興路 127 號	
	元豐餅店	30 斤（1 斤 *30 份）	北區南園街 153 巷 16 號	
	振香珍餅舖	70 斤（1 斤 *50 份、10 斤 *2 支）	中西區民生路 1 段 156 巷 25 號	

日期	訂購者	種類與數量	地址	備註
7/22	大港寮	30 斤（1 斤 *20 份 10 斤 *1 支）	北區	
7/24	振香珍餅舖	20 斤（10 斤 *2 支）	中西區民生路 1 段 156 巷 25 號	
7/25	舊來發餅舖	98 斤（2 斤 *49 份）	北區自強街 15 號	
7/26	保安宮	37.5 斤 （1 斤半 *25 份）		
	舊來發餅舖	20 斤（10 斤 *2 支）	北區自強街 15 號	
	益士林餅舖	160 斤（4 斤 *40 份）	南區新興路 127 號	
7/27	永康中山路	20 斤（10 斤 *2 支）	永康區	私人
7/28	大港寮	10 斤（1 斤 *10 份）	北區	
	安平弘濟宮	50 斤（5 斤 *10 份）	安平區運河路 40 巷 3 號	
	檨仔林	260 斤（100 斤 *2 支、30 斤 *2 支）		
	文賢市場後面	43 斤（1 斤 *43 份）	安南區國安街 157 號	私人
8 月				
8/2	味芝鄉餅舖	15 斤（1 斤 *15 份）	安平區安平路 35 號	
	南仔豬肉良	20 斤（10 斤 *2 支）		私人
8/3	集福宮	81 斤（1 斤 *79 份 2 斤 *1 份）	中西區信義街 83 號	
8/6	新永珍餅舖	70 斤（3 斤 *20 份、10 斤 *1 份）	中西區神農街 26 號	
8/10	新永珍餅舖	187.5 斤（1 斤 *36 份、1 斤半 *101 份）	中西區神農街 26 號	

日期	訂購者	種類與數量	地址	備註
8/16	保安宮	62 斤（2 斤 *31 份）		
	開元市場	72 斤（2 斤 *36 份）	北區開元路 124 號	
8/20	小北	625 斤（25 斤 *25 支）		
	永康明興餅舖	560 斤（2 斤 *280 份）	永康區中山路 15 號	
	小北攤販	450 斤（2 斤 *225 份）	北區西門路 4 段 101 號	三色粿 225 份 粢粽 225 份 芋頭 225 顆
8/26	富發餅舖	20 斤（2 斤 *10 份）	中西區神農街 18 號	

上述日期為農曆　　　　　　　　　　　　　　張耘書／整理

【民國 100 年 7、8 月銷售一覽】

日期	訂購者	種類與數量	地址	備註
7月				
7/1	慶安宮	40 斤（1 斤 *40 份）		
7/4	益士林餅舖	108 斤（1 斤 *108 份）	南區新興路 127 號	
7/6	和緯市場	161 斤（1 斤 *161 份）	北區和緯路 4 段 426 號	
7/8	大港寮	26 斤（1 斤 *26 份）	北區	
	文和街 185 號	50 斤（10 斤 *5 支）	中西區	私人
	瑞香珍餅舖	46 斤（2 斤 *23 份）	南區南寧街 153 號	
	舊來發餅舖	30 斤（1 斤 *30 份）	北區自強街 15 號	
7/9	安平	220 斤（10 斤 *22 支）	安平區	
7/10	金義珍餅舖	21 斤（1 斤 *21 份）	中西區永福路 2 段 63 巷 8 號	
	新永珍餅舖	14 斤（1 斤 *14 份）	中西區神農街 26 號	
7/12	大港寮	100 斤（半斤 *200 份）	北區	
	公園南路	400 斤（1 斤 *400 份）	北區	私人
7/13	大港寮	46 斤（1 斤 *46 份）	北區	
	公園南路	80 斤（2 斤 *40 份）	北區	私人
	瑞香珍餅舖	200 斤（1 斤半 *134 份）	南區南寧街 153 號	
	富發餅舖	60 斤（1 斤 *60 份）	中西區神農街 18 號	

日期	訂購者	種類與數量	地址	備註
7/14	保生殿（國民路）	24 斤（2 斤 *12 份）	南區國民路 165 巷 62 號	甜粿 1 斤 *12 份 鹹粿 1 斤 *12 份 發粿 10 斤 *1 份 三色粿 12 份
	保安宮前	40 斤（2 斤 *20 份）		
	大港寮	21 斤（1 斤 *21 份）	北區	
	益士林餅舖	12 斤（2 斤 *6 份）	南區新興路 127 號	
	新永珍餅舖	54 斤（2 斤 *27 份）	中西區神農街 26 號	
	舊來發餅舖	187斤（1斤*67份、2 斤 *12 份、4 斤 *24 份）	北區自強街 15 號	
	明香餅舖	180 斤（10 斤 *15 支、10 斤 *3 支加龍眼乾）	南區明興路 1055 巷 25 號	
7/15	大埔福德祠	302 斤（1 斤 *302 份）	中西區開山路 203 號	
	檨仔林	260 斤（100 斤 *2 支、30 斤 *2 支）		
	海尾餅舖	2 斤一塊		
	瑞香珍餅舖	200 斤（4 斤 *50 份）	南區南寧街 153 號	
	富發餅舖	38 斤（1 斤 *38 份）	中西區神農街 18 號	
	公園南路	12 斤（1 斤 *12 份）	北區	私人
	西賢一街 185 號	100 斤（50 斤 *2 支）	中西區	私人

日期	訂購者	種類與數量	地址	備註
	和緯路 4 段 265 號	20 斤（10 斤 *2 支）	北區	私人
	四草樹根	20 斤（10 斤 *2 支）		私人
	竹橋	20 斤（10 斤 *2 支）		私人 自取
7/16	瑞香珍餅舖	154 斤（2 斤 *20 份、3 斤 *38 份）	南區南寧街 153 號	
	金義珍餅舖	136 斤（1 斤 *136 份）	中西區永福路 2 段 63 巷 8 號	
	松香餅舖	346 斤（10 斤 *34 份、6 斤 *1 份）	北區成功路 146 號	
	明香餅舖	100 斤（50 斤 *2 支）	南區明興路 1055 巷 25 號	
	公園南路	12 斤（1 斤 *12 份）	北區	私人
	水旺	20 斤（10 斤 *2 份）		私人
7/17	文賢市場	115 斤（1 斤 *115 份）	安南區國安街 157 號	
	舊來發餅舖	50 斤（5 斤 *10 份）	北區自強街 15 號	
7/18	鎮南宮	480 斤（1 斤半 *320 份）	北區北園街 124 巷 10 弄 7 號（普 18 日）	
	龍鳳宮	125 斤（3 斤 *35 份、10 斤 *2 支）	安南區安中路 1 段 354 巷 32 弄 22 之 1 號	甜粿 1 斤半 *35 份 鹹粿 2 斤 *35 份 三色粿 35 份
	安南慈惠堂	30 斤（1 斤 *30 份）	安南區	
	大東夜市	100 斤（25 斤 *4 支）	東區林森路 1 段 276 號	
	吳先生	24 斤（2 斤 *12 份）		私人

日期	訂購者	種類與數量	地址	備註
	公園南路	75 斤（1 斤 *75 份）	北區	私人
7/19	元和宮	40 斤（10 斤 *4 支）	北區北華街 311 號	
	益士林餅舖	63 斤（3 斤 *21 份）	南區新興路 127 號	
	舊來發餅舖	148 斤（1 斤 *108 份、10 斤 *4 支）	北區自強街 15 號	
	振香珍餅舖	36 斤（1 斤 *36 份）	中西區民生路 1 段 156 巷 25 號	
7/20	南聖宮	60 斤（30 斤 *2 支）	東區富農街 2 段 108 巷 11 號	
	南佑宮	100 斤（50 斤 *2 支）		
	保安宮前	42 斤（1 斤 *12 份、3 斤 *10 份）		
	大港寮	42 斤（1 斤 *42 份）	北區	
	安平	56 斤（2 斤 *28 份）	安平區	
	益士林餅舖	100 斤（50 斤 *2 支）	南區新興路 127 號	
	海尾餅店	2 斤（2 斤 *1 份）	安南區	
7/21	安平廣濟宮	50 斤（2 斤 *25 份）	安平區效忠街 33 號	
	文龍殿	90 斤（5 斤 *18 份）	安平區安北路 121 巷 10 弄 6 號	
	神興宮	65 斤（1 斤 *65 份）	中西區民生路 2 段 21 號	
	天龍壇（安平）	20 斤（10 斤 *2 支）	安平區	
	水仙宮	60 斤（2 斤 *30 份）	中西區神農街 1 號	
	玉井	100 斤（50 斤 *2 支）	玉井區	

日期	訂購者	種類與數量	地址	備註
	大港寮	32 斤（1 斤 *32 份）	北區	
	舊來發餅舖	12 斤（1 斤 *12 份）	北區自強街 15 號	
7/22	安南慈惠堂	45 斤（1 斤 *45 份）	安南區	
	大港寮	65 斤（1 斤 *65 份）	北區	
	溪心寮	110 斤	安南區	
	舊來發餅舖	203 斤（1 斤 *203 份）	北區自強街 15 號	
	松香餅舖	45 斤（1 斤半 *30 份）	北區成功路 146 號	送至沙淘宮
	金英	20 斤（10 斤 *2 支）		私人
	公園南路	27 斤（1 斤 *27 份）	北區	私人
7/23	大港寮	200 斤（半斤 *400 份）	北區	
	瑞香珍餅舖	76 斤（1 斤 *76 份）	南區南寧街 153 號	
	公園南路	25 斤（1 斤 *25 份）	北區	私人
7/24	益士林餅舖	20 斤（1 斤 *20 份）	南區新興路 127 號	
	振香珍餅舖	6 斤（1 斤 *6 份）	中西區民生路 1 段 156 巷 25 號	
	公園南路	20 斤（1 斤 *20 份）	北區	私人
7/25	益士林餅舖	38 斤（1 斤 *38 份）	南區新興路 127 號	
	振香珍餅舖	20 斤（10 斤 *2 支）	中西區民生路 1 段 156 巷 25 號	
	舊來發餅舖	80 斤（2 斤 *40 份）	北區自強街 15 號	
7/26	舊來發餅舖	20 斤（1 斤 *20 份）	北區自強街 15 號	

日期	訂購者	種類與數量	地址	備註
7/28	安平弘濟宮	80 斤（1 斤 *80 份）	安平區運河路 40 巷 3 號	
	振香珍餅舖	90 斤（1 斤 *90 份）	中西區民生路 1 段 156 巷 25 號	
7/29	大港寮	120 斤（20 斤 *6 支）	北區	
	公園南路	1000 斤（1 斤 *1000 份）	北區	
8 月				
8/2	富發餅舖	21 斤（1 斤 *21 份）	中西區神農街 18 號	
	味芝鄉餅舖	20 斤（1 斤 *20 份）	安平區安平路 35 號	
	果菜市場	208 斤（2 斤 *104 份）	安南區怡安路 2 段 102 號	
	豬肉玉	20 斤（10 斤 *2 支）		私人
8/3	集福宮	150 斤（1 斤 *135 份、5 斤 *3 份）	中西區信義街 83 號	
	大港寮	36 斤（1 斤 *36 份）	北區	
	寶來香餅舖	12 斤（1 斤 *12 份）	中西區神農街 8 號	
8/6	新永珍餅舖	38 斤（2 斤 *19 份）	中西區神農街 26 號	
8/10	舊來發餅舖	190 斤（5 斤 *36 份、10 斤 *1 份）	北區自強街 15 號	
	新永珍餅舖	32 斤（1 斤 *32 份）	中西區神農街 26 號	
8/12	寶來香餅舖	63 斤（1 斤 *63 份）	中西區神農街 8 號	
8/16	新永珍餅舖	104 斤（1 斤 *104 份）	中西區神農街 26 號	
	保安宮前	80 斤（1 斤 *80 份）		

日期	訂購者	種類與數量	地址	備註
	大港寮市場	15 斤（5 斤 *3 份）	北區大興街 164 巷 68 號	
	永康	560 斤 （2 斤 *280 份）	永康區	私人
8/20	小北攤販	340 斤 （2 斤 *170 份）	北區西門路 4 段 101 號	三色粿 170 份 粳粽 170 份 芋頭 170

上述日期為農曆　　　　　　　　　　　　　　　　　張耘書／整理

【民國 107 年 7、8 月銷售一覽】

日期	訂購者	種類與數量	地址	備註
7月				
7/2	聖清宮	50 斤（10 斤 *5 支）	永康區中山北路 900 巷 10 號	
	大港寮	36 斤（10 斤 *2 支、1 斤 *16 份）	北區	
	慶安宮	40 斤（1 斤 *40 份）		
	舊來發餅舖	20 斤（10 斤 *2 支）	北區自強街 15 號	
7/4	益士林餅舖	127 斤（1 斤 *127 份）	南區新興路 127 號	
7/6	和緯市場	146 斤（1 斤 *146 份）	北區和緯路 4 段 426 號	
7/7	舊來發餅舖	20 斤（10 斤 *2 支）	北區自強街 15 號	
7/8	鴨母寮市場	92 斤（1 斤 *92 份）	北區成功路 148 號	
	樹林街 1 段 23 號	80 斤（10 斤 *2 支）	中西區	私人
7/9	安平港仔尾	190 斤（10 斤 *19 支）	安平區	
	大港寮	10 斤（1 斤 *10 份）	北區	
	安寧街	20 斤（10 斤 *2 支）	安南區	私人
	舊來發餅舖	16 斤（1 斤 *16 份）	北區自強街 15 號	
	益士林餅舖	12 斤（2 斤 *6 份）	南區新興路 127 號	
	明津	100 斤（1 斤 *100 份）		私人
	公園南路	6 斤（1 斤 *6 份）	北區	

日期	訂購者	種類與數量	地址	備註
7/11	保安宮前	2 斤（1 斤 *2 份）		
	大港寮	11 斤（1 斤 *11 份）	北區	
	新永珍餅舖	18 斤（1 斤 *18 份）	中西區神農街 26 號	
7/12	清水寺	120 斤（半斤 *240 份）	中西區開山路 3 巷 10 號	
	福龍宮	100 斤（10 斤 *10 支）		
	舊來發餅舖	400 斤（1 斤 *400 份）	北區自強街 15 號	
	瑞香珍餅舖	3 斤（1 斤 *3 份）	南區南寧街 153 號	
	大雄	60 斤（10 斤 *6 支）		私人自取
	世上	50 斤（25 斤 *2 支）		
7/13	大港寮	66 斤（1 斤 *66 份）	北區	
	瑞香珍餅舖	200 斤（1 斤 *200 份）	南區南寧街 153 號	
	公園南路	100 斤（2 斤 *40 份、10 斤 *2 支）	北區	
	南寧街	26 斤（1 斤 *26 份）	中西區	私人
	明津	50 斤（10 斤 *5 支）		私人
7/14	大港寮	5 斤（1 斤 *5 份）	北區	
	舊來發餅舖	52 斤（10 斤 *2 支、2 斤 *10 份、1 斤 *12 份）	北區自強街 15 號	
	保安宮前	36 斤（2 斤 *18 份）		
	公園南路	9 斤（1 斤 *9 份）	北區	私人
	私人自取	2 斤（1 斤 *2 份）		私人

日期	訂購者	種類與數量	地址	備註
	小胖	10 斤（1 斤 *10 份		私人 三色粿 30 份
7/15	四草廟	120 斤（60 斤 *2 支）	安南區大眾路 360 號	
	大埔福德祠	820 斤 （1 斤 *820 份）	中西區開山路 203 號	
	保安宮前	32 斤（1 斤 *32 份）		
	檨仔林	260 斤（100 斤 *2 支、30 斤 *2 支）		
	舊來發餅舖	79 斤（1 斤 *79 份）	北區自強街 15 號	
	瑞香珍餅舖	225 斤（3 斤 *75 份）	南區南寧街 153 號	
	味芝鄉餅舖	9 斤（1 斤 *9 份）	安平區安平路 35 號	
	陳太太	60 斤（30 斤 *2 支）		私人
7/16	建安宮	26 斤（1 斤 *26 份）	南區大德街 141 巷 47 號	
	瑞香珍餅舖	32 斤（2 斤 *16 份）	南區南寧街 153 號	
	益士林餅舖	6 斤（2 斤 *3 份）	南區新興路 127 號	
	建安宮廟前賣魚	40 斤（10 斤 *4 支）	南區大德街	
	南寧街	20 斤（10 斤 *2 支）	中西區	
7/17	大港寮	122 斤（3 斤 *40 份、1 斤 *2 份）	北區	
	小康市場	130 斤（100 斤 *1 支、3 斤一盤）	中西區文賢路 197 號	

日期	訂購者	種類與數量	地址	備註
	文賢市場	93 斤（1 斤 *93 份）	安南區國安街 157 號	
	新永珍餅舖	30 斤（1 斤 *30 份）	中西區神農街 26 號	
	舊來發餅舖	50 斤（5 斤 *10 份）	北區自強街 15 號	
7/18	鎮南宮	250 斤（1 斤 *250 份）	北區北園街 124 巷 10 弄 7 號	
	龍鳳宮	20 斤（10 斤 *2 支）	安南區安中路 1 段 354 巷 32 弄 22 之 1 號	鹹粿 15 份 甜粿 15 份 三色粿 15 份
	鴨母寮市場	40 斤（1 斤 *40 份）	北區成功路 148 號	
7/19	元和宮	50 斤（10 斤 *5 支）	北區北華街 311 號	
	大港寮	15 斤（1 斤 *15 份）	北區	
	舊來發餅舖	80 斤（1 斤 *80 份）	北區自強街 15 號	
	振香珍餅舖	51 斤（1 斤 *51 份）	中西區民生路 1 段 156 巷 25 號	
7/20	南聖宮	100 斤（50 斤 *2 支）	東區富農街 2 段 108 巷 11 號	
	南佑宮	100 斤（50 斤 *2 支）		
	三靈殿	46 斤（1 斤 *46 份）	安平區安北路 121 巷 15 弄 19 號	
7/21	文龍殿	90 斤（3 斤 *30 份）	安平區安北路 121 巷 10 弄 6 號	
	安平廣濟宮	60 斤（2 斤 *30 份）	安平區效忠街 33 號	

日期	訂購者	種類與數量	地址	備註
	伍德宮	20 斤（2 斤 *10 份）	安平區運河路 13 巷 11 號	
	大港寮	77 斤（1 斤 *77 份）	北區	
	益士林餅舖	36 斤（3 斤 *12 份）	南區新興路 127 號	
	南寧街	10 斤（10 斤 *1 支）	中西區	
7/22	延平郡王祠	32 斤（10 斤 *2 支、1 斤 *12 份）	中西區開山路 152 號	
	沙淘宮	36 斤（1 斤 *36 份）	中西區西門路 2 段 116 巷 5 號	
	舊來發餅舖	170 斤（1 斤 *150 份、10 斤 *2 支）	北區自強街 15 號	
	大港寮	10 斤（1 斤 *10 份）	北區	
	公園南路	45 斤（1 斤 *45 份）	北區	
	小胖	6 斤（1 斤 *6 份）		私人三色粿 12 份
7/23	玉朝宮	32 斤（1 斤 *32 份）	北區文成二路 161 號	
	大港寮	60 斤（10 斤 *6 支）	北區	
	鴨母寮市場	340 斤（10 斤 *34 份）	北區成功路 148 號	
	佳里	10 斤米糕豬	佳里	
	公園南路	30 斤（1 斤 *30 份）	北區	
7/24	南聖宮	120 斤（10 斤 *12 支）	東區富農街 2 段 108 巷 11 號	米香圓 50 粒
	大港寮	35 斤（1 斤 *35 份）	北區	
	益士林餅舖	15 斤（1 斤 *15 份）	南區新興路 127 號	
7/25	保安宮前	31 斤（1 斤 *31 份）		

日期	訂購者	種類與數量	地址	備註
	舊來發餅舖	67 斤（2 斤 *32 份、1 斤 *3 份）	北區自強街15 號	
7/26	天壇	40 斤（20 斤 *2 支）	中西區忠義路 2 段 84 巷 16 號	
	大東夜市	50 斤（25 斤 *2 支）	東區林森路1 段 276 號	
7/28	安平弘濟宮	80 斤（1 斤 *80 份）	安平區運河路40 巷 3 號	
	大港寮	60 斤（1 斤 *60 份）	北區	
	公園南路	5 斤（1 斤 *5 份）	北區	
7/29	大興宮	165 斤（3 斤 *55 份）	北區大興街246 巷 9 號	
	振香珍餅舖	100 斤（1 斤 *100 份）	中西區民生路 1 段 156 巷 25 號	
	許平	20 斤（10 斤 *2 支）		私人
7/30	興濟宮	1000 斤（1 斤 *1000 份）		
8 月				
8/2	大港寮	30 斤（1 斤 *30 份）	北區	
	果菜市場	196 斤（2 斤 *98 份）	安南區怡安路2 段 102 號	芋頭 98 顆
	寶來香餅舖	40 斤（2 斤 *20 份）	中西區神農街8 號	
	小賣部	290 斤（2 斤 *149 份）		
	肉玉	20 斤（10 斤 *2 支）		私人
8/3	集福宮	58 斤（1 斤 *58 份）	中西區信義街83 號	
	集福宮邊	51 斤（1 斤 *51 份）	中西區信義街	
8/5	南寧街	40 斤（10 斤 *4 支）	中西區	私人

日期	訂購者	種類與數量	地址	備註
8/6	新永珍餅舖	24 斤（2 斤 *12 份）	中西區神農街 26 號	
8/10	舊來發餅舖	170 斤（5 斤 *34 份）	北區自強街 15 號	
	新永珍餅舖	17 斤（半斤 *34 份）	中西區神農街 26 號	
8/11	大港寮	50 斤（1 斤 *50 份）	北區	
8/12	義芳餅舖	20 斤（10 斤 *2 支）		
8/16	保安宮前	84 斤（2 斤 *31 份、1 斤 *22 份）		
	大港寮市場部	15 斤（5 斤 *3 份）	北區大興街 164 巷 68 號	
	新永珍餅舖	77 斤（1 斤 *77 份）	中西區神農街 26 號	
	永康	100 斤（2 斤 *50 份）	永康區	
8/20	小北攤販	366 斤（2 斤 *183 份）	北區西門路 4 段 101 號	三色粿 183 份 粳粽 183 份 芋頭 183 顆

上述日期為農曆　　　　　　　　　　　　　　張耘書／整理

附錄三

早期（2000年以前）米糕栫（餞）相關報導

標題：製作米糕餞功夫一流　黃福星師傅碩果僅存

　　　廟宇盛大祭典均來禮聘出馬　古老手藝後繼無人恐成絕
響

出處：1981.07.26〈中華日報〉6版

標題：廟會寵物　不敵西式糕餅
　　　烹熬「米糕餞」薪火失傳
出處：1989.09.01〈聯合報〉

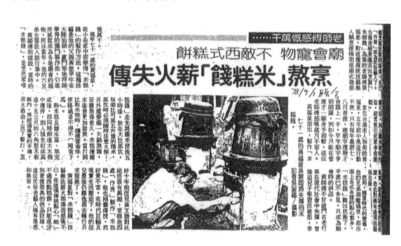

標題：黃福星讓米糕餞飄香　即使中風行動不便

八十歲老師傅仍堅持傳統　樂在其中

出處：1997.08.12〈中華日報〉28 版

黃福星讓米糕餞飄香

八十歲老師傅仍堅持傳統　樂在其中

▲黃福星建師傅八十歲精神有不便，卻仍堅持採親製。

（記者敦彌攝）

記者吳敏綿/專訪

標題：黃福星老師傅　獨門手藝隨著往生帶入棺木

米糕餞失傳　好兄弟沒口福

出處：1998.09.03〈中華日報〉28 版

大鍋留，彫身的「殘似來」萬放大俊搬身著儻狗狂以他，世邁幸不卒今傅師老星福黃。
念懷多計家
（片照當裁報本）

米糕餞失傳　好兄弟沒口福
黃福星老師傅　獨門手藝隨著往生帶入棺木

（吳政翰）

作者簡介

張耘書

- 中央研究院人文社會科學研究中心地理資訊科學研究專題中心專案企劃師
- 國立臺南大學臺灣文化研究所碩士

▌ 參與計畫

- 2002 年
  文建會臺南市大涼社區總體營造計畫案
- 2006、2008 年
  中研院人文社會科學研究中心「臺灣地區地名普查工作及地名資料庫建置計畫」
- 2010 年
  「宗教與地方社會—永康宗教調查研究」
- 2011 年
  「中研院文化資源地理資訊系統寺廟資料庫計畫」臺南地區寺廟調查

- 2011 年

  教育部《體育運動大辭典》編定計畫

  新港奉天宮志編纂計畫（協修）

- 2012 年

  臺南市政府文化局「臺南市傳統金屬工藝技藝調查研究計畫」、「臺南市邁向文學之都資源調查計畫」

- 2013~2015 年

  「102 年藝氣風發—藝陣影像、音像數位典藏計畫」

  文化部文化資產局「臺灣王爺信仰文化資產調查分析計畫」永康開天宮志編纂

- 2016 年

  臺南市政府「0206 大地震全紀錄」

- 2017 年

  臺南市政府文化局「106 年臺南市歷史名人小傳」

- 2018 年

  臺南市政府文化局「107 年臺南市歷史名人小傳」

  臺南市政府文化局「歷史場域資料數位化編撰計畫」

  臺南市文化資產管理處「南關線三大廟王醮祭典調查研究案」（協同主持人）

▌著作

專書

- 《臺南媽祖信仰研究》，臺南市政府文化局，2013。（獲國史館臺灣文獻館「103 年度獎勵出版文獻書刊暨推廣文獻研究」推廣性書刊佳作獎）
- 《鎏金歲月・金工之美—臺南傳統金工藝術》，臺南市政府文化局，2014。（與多人合著）
- 《貫古通今臺 19 甲》，臺南市政府文化局，2014。（獲國史館臺灣文獻館「104 年度獎勵出版文獻書刊暨推廣文獻研究」推廣性書刊佳作獎）
- 《護佑婦孺—臺灣十二婆姐陣》，博揚文化，2015。
- 《藝陣傳神—臺灣傳統民俗藝陣》，文化部文化資產局，2015。（黃文博編、與多人合著）
- 《臺南金屬工藝研究》，臺南市政府文化局，2016。
- 《臺南府城舊街新路》，臺南市政府文化局，2017。
- 《揮別傷痛，迎向重生：0206 臺南大地震全紀錄》，臺南市政府文化局，2017。(與多人合著)
- 《一心一藝：巨匠的技與美 (7)》，文化部文化資產局，2017。（與多人合著）
- 《臺南府城餅舖誌》，臺南市政府文化局，2018。（獲

國史館臺灣文獻館「108 年度獎勵出版文獻書刊暨推廣
文獻研究」推廣性書刊佳作獎）

- 《永康區開天宮志》，永康區開天宮管理委員會、國立
臺南大學臺南學研究中心，2019。（與戴文鋒、陳宏田
合著）

- 《關廟山西宮戊戌科慶成祈安五朝王醮暨遊社》，關廟
山西宮管委會，2019。（與多人合著）

- 《臺南嫁娶禮俗研究》，臺南市政府文化局、蔚藍文化，
2019。（與鄭佩雯合著）（獲國史館臺灣文獻館「109
年度獎勵出版文獻書刊暨推廣文獻研究」推廣性書刊佳
作獎）

- 《永康廣興宮境內擔餅節》，臺南市政府文化局，
2019。（獲國史館臺灣文獻館「109 年度獎勵出版文獻
書刊暨推廣文獻研究」推廣性書刊佳作獎）

▌ 單篇論文／期刊

- 〈禳災祈福度關煞─開天宮契子過限〉，《民俗與文化》
第 7 期，2012/7。

- 〈歷史與空間：臺灣媽祖廟數量與分佈探討〉，《民俗
與文化》第 8 期，2013/7。(與多人合著)

- 〈臺灣嘉義地區媽祖信仰儀式初探─以新港奉天宮為中

心的討論〉（與洪瑩發合著，發表於第二屆海峽兩岸媽
祖文化學術研討會，2014/8 中國莆田）

- 〈府城傳統糕餅的文化內涵〉，《臺南文獻》第 13 輯，
  2018/6。
- 〈關廟山西宮香境藝陣初探〉，《臺南文獻》第 14 輯，
  2018/10。（與戴瑋志合著）
- 〈臺南人嫁娶辦桌，形而上的甜〉，《聯合文學》第
  427 期，2020/5。
- 〈臺南府城米糕栫（餞）〉，《臺南文獻》第 17 輯，
  2020/6。

大臺南文化叢書第 8 輯 03

臺南獨家記憶：府城米糕栫（餞）研究

作　　者／張耘書
社　　長／林宜澐
總　　監／葉澤山
召 集 人／黃文博
審　　稿／鄭道聰
行政編輯／何宜芳、許琴梅
總 編 輯／廖志墭
執行編輯／宋繼昕
編輯協力／宋元馨、潘翰德
封面設計／黃梵真
內文排版／藍天圖物宣字社

出　　版／臺南市政府文化局
　　　　　地址：永華市政中心：70801 臺南市安平區永華路 2 段 6 號 13 樓
　　　　　　　　民治市政中心：73049 臺南市新營區中正路 23 號
　　　　　電話：（06）6324453　網址：http：// culture.tainan.gov.tw

蔚藍文化出版股份有限公司
　　　　　地址：10667 臺北市大安區復興南路二段 237 號 13 樓
　　　　　電話：02-22431897
　　　　　臉書：https://www.facebook.com/AZUREPUBLISH/
　　　　　讀者服務信箱：azurebks@gmail.com

總 經 銷／大和書報圖書股份有限公司
　　　　　地址：24890 新北市新莊市五工五路 2 號　電話：02-8990-2588

法律顧問／眾律國際法律事務所　著作權律師／范國華律師
　　　　　電話：02-2759-5585　網站：www.zoomlaw.net

印　　刷／世和印製企業有限公司
定　　價／新臺幣 480 元
初版一刷／2020 年 12 月
Ｉ Ｓ Ｂ Ｎ：978-986-5504-11-3　　Ｇ Ｐ Ｎ：1010900915
分類號：C069
局總號：2020-568

國家圖書館出版品預行編目（CIP）資料

臺南獨家記憶：府城米糕栫（餞）研究 / 張耘書著 . -- 初版 . -- 臺北
市 : 蔚藍文化；臺南市 : 南市文化局 , 2020.12
　面；　公分 . -- （大臺南文化叢書 . 第 8 輯；3）
ISBN 978-986-5504-11-3（平裝）

1. 飲食風俗　2. 歷史　3. 臺南市

538.7833　　　　　　　　　　　　　　　　109009280